# Building Sub-core in Hinterland for China's Coordinated Regional Development

# 内陆“亚中心”构建与中国区域协调发展

尹虹潘　刘姝伶　著

图书在版编目(CIP)数据

内陆"亚中心"构建与中国区域协调发展 / 尹虹潘, 刘姝伶著. -- 重庆 : 西南师范大学出版社, 2021.2
ISBN 978-7-5697-0500-3

Ⅰ. ①内… Ⅱ. ①尹… ②刘… Ⅲ. ①城市群—区域经济发展—研究—中国 Ⅳ. ①F299.27

中国版本图书馆 CIP 数据核字(2021)第 019295 号

**内陆"亚中心"构建与中国区域协调发展**

NEILU YAZHONGXIN GOUJIAN YU ZHONGGUO QUYU XIETIAO FAZHAN

**尹虹潘 刘姝伶 著**

**责任编辑：** 秦 路 彭莉芯
**责任校对：** 李 炎
**封面设计：** 杨 涵
**排　　版：** 王 兴
**出版发行：** 西南师范大学出版社
网 址:http://www.xscbs.com
地 址:重庆市北碚区天生路2号
邮 编:400715
电 话:023-68868624
**印　　刷：** 重庆市国丰印务有限责任公司
**幅面尺寸：** 170mm × 240mm
**印　　张：** 12
**字　　数：** 184千字
**版　　次：** 2021年2月 第1版
**印　　次：** 2021年2月 第1次印刷
**书　　号：** ISBN 978-7-5697-0500-3

**定　　价：** 48.00元

**项目支持**

中央高校基本科研业务费专项资金项目(SWU1809681):中国区域协调发展战略下的内陆“亚中心”构建研究　最终成果

重庆市社会科学规划重点项目(2018ZD17):重庆落实“两点”定位助力构建全国区域协调发展新格局研究　阶段性成果

本书受西南大学智能金融与数字经济研究院资助

## 作者简介

尹虹潘，男，西南大学经济管理学院教授、西南大学智能金融与数字经济研究院研究员、经济学博士，曾长期在政府决策研究机构担任部门负责人、研究员，主要从事区域经济发展理论与政策研究。学术成果见于《中国工业经济》《数量经济技术经济研究》《中国人口科学》《财经研究》《南开经济研究》《经济学家》《改革》等学术期刊。主持/主研国家社科基金项目、国家多部委研究项目、地方省级基金及决策咨询研究项目等30余项。曾获得国家发展和改革委员会优秀研究成果奖、重庆市发展研究奖、重庆市科技进步奖等省部级奖励多项。

刘姝伶，女，重庆工商大学长江上游经济研究中心高级统计师、经济学博士研究生，主要从事区域经济发展、区域经济统计等研究。学术成果见于《中国人口科学》《技术经济与管理研究》《重庆大学学报(社会科学版)》等学术期刊。主研省部级、厅局级等各类研究项目10余项。曾获得高等学校科学研究优秀成果奖(人文社会科学)等省部级奖励。

# 前　言

人类的经济活动总是发生在一定的地方(即区位),在长期的发展进程里也总会有一些区位得到了更多经济主体基于某种微观诉求的自发选择,或是一个国家(经济体,下同)政府为实现某种宏观目标而对其格外青睐,或者两者兼而有之,这样的区位往往会形成人口与经济高度集聚。而另一些区位则可能没有那么幸运,于是成为人口与经济密度较低的区域。所以,当我们观察某个国家内部的区域时,经常看到的是区域之间存在发展差异(差距),区域差异(差距)使不同国家形成了不同的区域发展格局,人口与经济集聚发生的区位、集聚发展的规模等元素构成了一国区域发展格局最关键的空间经济特征。区域发展格局在长期发展中是持续动态演化的,任何一个时期的区域发展格局,都是以过往的区域发展格局作为历史基础,加上这一时期内市场自发选择和政府政策等外部干预形成的结果,而它又会作为下一个时期的基础条件参与到后续的区域发展当中去,影响未来的区域发展格局演化。与此同时,区域发展格局和区际发展机制(特别是区域之间协调发展的经济关系)又是一体两面的,一定的区际发展机制将引致一定的区域发展格局,而在遵循发展规律的前提下按照某种区域发展格局也可以反过来推演出支撑这种格局的区际发展机制。正是基于这样的思考,才有了我们在本书中对区域发展格局与中国区域协调发展关系的再认识。

已有的"中心—外围"理论揭示了区域发展空间格局的基本规律,特别是被新经济地理以主流经济学工具进行模型化之后,得到了更多的关注和接受。但这是一种理想化的空间经济格局模式,可以作为相关研究的参考,却并不适宜在所有国家都原样照搬。不同国家的实际情况各不相同,使区域发展格局演化面临差异化的约束条件,神奇的空间经济力量必然会在不同约束条件下塑造出丰富多样的"变体"。在充分实现全国市场一体化的前提下,任何国家都应该会有经济“中心”，但经济“亚中心”却往往只是“大国经济”国家区域发展中才会出现的空间结构元素，而“中心”与“亚中心”分别会出现在什么具体区位则与这个大国的发展历程和现实条件有关。改革开放40多年来，随着自身发展阶段的演变和外部约束条件的改变，中国不同时期的区域发展战略始终与时俱进推动着全国区域发展格局的不断优化。通过沿海区域率先开发、开放来构建全国经济“中心”，是改革开放初期国内统一市场尚未形成且有效需求不足、国外市场空间较大的约束下理性的选择。而内陆经济“亚中心”的构建则是基于国内外市场需求和外部约束条件的新变化，必须进行的适应性调整与优化。“大国经济”中过度强调局部区域集聚发展形成“中心”，而将其他多数区域都作为“外围”，可能造成“中心”与“外围”在发展梯度上分化断层、地理空间上联动不畅。基于中国的国情条件，“亚中心”在“中心”与“外围”之间引入了具有重要衔接与协调功能的中间层级，有利于促进沿海“中心”、内陆“亚中心”和其他“外围”腹地之间的错位分工、优势互补、多层联动，逐步破解当前区域发展和对外开放中的部分难题，在分层集聚中实现更加平衡更加充分的高质量区域协调发展，加快形成以国内大循环为主体、国内国际双循环相互促进的新发展格局，为实现国家的宏观战略多维目标、满足人民的微观美好生活诉求提供了空间上的联结点。

立足中国“大国经济+二元经济+开放经济”的国情特点推动全国区域协调发展和全面对外开放，在东部沿海地区京津冀、长三角、粤港澳大湾区（大珠三角）三大城市群已经通过高度集聚发展形成全国经济“中心”的基础上，进一步选择内陆地区的部分重点城市群或都市圈（如成渝、武汉、关中等）提高集聚发展水平构建经济“亚中心”，可以使全国区域发展与对外开放在空间上形成“‘一路’—中心—亚中心—外围—‘一带’”的整体布局、在机制上形成与之对应的分层集聚全面开放（而非沿海单层集聚单向开放）的协调发展关系。集聚发展是高效率的发展模式，但“大国经济”的超大空间、超大人口与经济体量，使得任何单一区位都难以集聚全国所有人口与经济，即便是被我们统一称为“中心”的东部沿海地区事实上也形成了三大城市群，这就告诉我们，在中国这样的大国中不可能只有唯一的集聚发展区位。“二元经济”条件下人口由乡到城的转移，往往又受区域差异（差距）影响而表现为由一个区域的乡转移到另一个区域的城，农业转移人口既希望获得更高收入，又受到转移距离增大带来各种成本增大的制约，“收入—距离”的权衡机制不但使高收入的沿海“中心”与近距离的广大中西部“外围”家乡成为两种选择，也使内陆“亚中心”的重点城市群（都市圈）成为高收入与近距离折中的另一种合意选择，其中“外围”意味着分散而“中心”和“亚中心”是不同层级的集聚。而新时代的“开放经济”发展要求兼顾国内与国际双循环（并以国内大循环为主体），在对外经济往来中也应兼顾东与西、陆与海，显然沿海“中心”的区位优势主要在东部及周边市场和对外开放，并且是东向衔接21世纪海上丝绸之路的开放，而服务中西部内陆市场需要以及西向衔接丝绸之路经济带并不是其强项，处于中西部腹心的内陆“亚中心”恰好可以弥补沿海“中心”的这些不足。

非常有意思的是，当我们觉得实现中国区域协调发展需要这么一个内陆“亚中心”的时候，在中国的内陆地区真的可以找到三个适合作为“亚中心”的重点城市群（都市圈），包括成渝地区双城经济圈、武汉都市圈、关中都市圈。第一，这三个内陆重点城市群（都市圈）从自然条件来看总体比较适合人口与经济的集聚发展，从经济区位来看，自身体量就比较大，周边腹地的支持也较好，并且与沿海“中心”的距离适中而没有受到其经济“屏蔽效应”的太多直接影响。第二，国家战略也长期高度关注这三个内陆城市群（都市圈），在诸多全国性区域发展政策与规划中都将相关区域作为发展重点。还有一个简单的显性指标可以佐证我们的判断，即不同区域获准设立的国家级战略平台（如国家级新区、自由贸易试验区等）数量，国家级战略平台直接以服务国家战略意图和目标作为基本职能，国家战略重点关注的区域必然会设立较多的各类国家级战略平台。从国家级战略平台的区域布局来看，成渝、武汉、关中等内陆城市群（都市圈）正是国家级战略平台密集布局的区域，不但数量众多，而且类型较为丰富，在内陆地区远超过其他区域板块，由此可见相关区域在国家战略全局中的地位是较高的。特别是在成渝地区双城经济圈设立的国家级战略平台数量，并不少于沿海城市群。第三，以农业转移人口为代表的微观经济主体，主要来自中西部广大“外围”地区，单纯追求高收入的可以向沿海“中心”集聚，单纯希望离家乡近的可以选择留在“外围”的家乡，而既希望获得更高收入又不想太远离家乡的自然会受到成渝、武汉、关中等内陆重点城市群(都市圈)的吸引，因为这几个城市群(都市圈)既比他们的家乡发展水平高、却又离他们的家乡并不远。以上三方面分别从先天外生基础、后天外生干预、内生集聚机制等方面为内陆重点城市群(都市圈)构建“亚中心”提供了有利条件。

然而，要构建起内陆“亚中心”也并不是轻而易举的事，需要很多方面的配合与保障。成渝、武汉、关中等重点城市群(都市圈)比内陆地区的其他区域板块更有条件成为“亚中心”，并且三者之中的成渝地区双城经济圈已经率先进入了国家高层的视野并被寄予厚望，目标是成为具有全国影响力的经济中心。城市群或都市圈都是以高层级中心城市为依托的，成渝地区双城经济圈拥有相距仅300千米的重庆、成都两个国家中心城市作为“双核”，周边次级城市分布较为密集，已基本形成双都市圈融合发展的城市群空间经济形态，是三个内陆重点城市群(都市圈)中人口与经济体量最大的。且西南各省区提供的经济腹地也较为优越，使成渝地区双城经济圈的集聚发展水平提升具有较好的支撑。武汉都市圈和关中都市圈虽是“单核”主导的都市圈，体量相对略小，但也都有各自的独特区域地位和作用。武汉都市圈处于中国东西南北的水陆交汇区位，是内陆“亚中心”与沿海“中心”有机联结并接受沿海辐射带动的经济纽带。关中都市圈是经略西北地区的重要枢纽，无论是经济影响力还是深层次的战略影响力都是无法被取代的，并且关中与成渝的合作互动有助于促成“一带一路”与长江经济带、黄河流域的内外与南北联结，支撑整个西部地区(西南与西北)的更好发展。总体来看，成渝地区双城经济圈的体量更大、“双核”空间结构更复杂、跨省的区际关系更微妙，因此该城市群是相对更有代表性的，其建设中的很多思路可能对武汉、关中都市圈也会有借鉴意义。虽然三个内陆重点城市群(都市圈)受自然地理条件限制不可能完全合一发展，但构建内陆“亚中心”需要以它们的互动合作作为基础，而它们的高水平集聚发展则更是重中之重。为了增强内陆“亚中心”的集聚发展能力，应该为其构建起更加内外畅达的通道体系以降低内陆重点城市群(都市圈)集聚各种要素资源的成本，以代表性城市群的更好发展来引导市场对内陆“亚中心”未来集聚发展的乐观预期，以根植性更强的先进产业体系作为重要的基础支撑，以完善的综合保障体系为集聚发展保驾护航。

新时代的中国区域协调发展是一项长期的庞大系统工程，涉及的众多因素远不是本书可以完全覆盖的，甚至其中的很多关键因素都可能是本书中完全没有涉及的。本书主要从全国区域发展空间格局优化的视角出发，选取了构建内陆“亚中心”这个切入点进行分析，希望能窥其一斑。特别要指出的是，本书提出构建内陆“亚中心”，并不是说沿海“中心”不重要或已经不再重要，更不是要用内陆“亚中心”去取代沿海“中心”，这从我们对“中心”和“亚中心”的称呼上就能看出来，只是沿海“中心”是已然存在并得到公认的，不必再去过多强调这一事实，而我们认为内陆“亚中心”是应然却又未然的，更需要唤起各界的高度关注与支持。沿海“中心”将继续在中国未来的区域协调发展和全面对外开放中扮演非常重要的角色，而内陆“亚中心”则是以自身优势去弥补沿海“中心”的劣势，与之形成合力共同推动全国经济高质量发展。此外，本书主要是在整个国家的大空间尺度下提出了“中心”和“亚中心”两个层级的重点经济集聚区域和集聚度相对较低的“外围”腹地区域，但这并不意味着全国只有两个层级的集聚区域，“外围”这个概念也仅仅是借用了“中心—外围”理论的习惯称呼，事实上当缩小分析的空间尺度后就会发现在“外围”腹地内部可能还存在着下一层级甚至下下层级的区域性经济中心，书中使用“分层集聚”而非“双层集聚”的表述就是这个意思。

书籍的主要作用是在作者与读者之间架起一座思想沟通的桥梁，虽然看似在呈现的形式上缺少直接双向互动而更多是作者在单方面阐述自己的观点，但读者在读书过程中必然会触发自己的思考，读到某处产生共鸣时颔首赞许、略感疑惑时微蹙眉头、心有异议时释卷拍案等，只要能对读者偶有启发也便达到了写作本书的目的。如果读者中有从事区域发展相关理论研究、区域发展相关政策与规划制定的人士，能够对本书中一些思路观点的正确与否进行更深入的论证，并对其中正确的部分通过甄别后加以改进发展或转化应用，那自然是作者更加乐见的。受作者水平所限，书中观点难免存在错误或偏颇，不当之处敬请批评指正！

# 目 录

## 上篇 为何构建内陆“亚中心”

## 下篇　如何构建内陆“亚中心”

### 第五章　“亚中心”范围与结构



### 第六章　代表性城市群的建设



### 第七章　促进“亚中心”的集聚

# 上篇

# 为何构建内陆『亚中心』

习近平总书记2019年底在《求是》发表了《推动形成优势互补高质量发展的区域经济布局》的重要文章，为构建新时代的中国区域协调发展新格局指明了战略方向。中心城市和城市群（都市圈）成为人口与经济集聚发展的主要空间载体，承载全国第一层级集聚的沿海三大城市群发展先后上升为国家战略，事实上是全国的经济“中心”。但单靠沿海地区并不能集聚所有人口、解决各种区域问题、实现多维战略目标，2020年初中央对成渝地区双城经济圈建设作出战略部署，希望培育有全国影响力的内陆经济中心。依托以成渝为代表、包括武汉和关中等在内的内陆重点城市群（都市圈）形成全国第二层级的经济集聚区域，即内陆“亚中心”，既有利于全国区域协调发展，也对新形势下构建以国内大循环为主体、国内国际双循环相互促进的新发展格局具有重大战略意义。第一，内陆“亚中心”可以弥补沿海“中心”在西向开放及服务内陆腹地与边疆（即“外围”区域）等方面的不足，这是国家战略全局需要。第二，内陆“亚中心”可以与沿海“中心”一道提升全国整体集聚效率、使整个国家得到更充分发展，并且这将使国家积累起更多财力来帮助“外围”区域提高生活水平、使各地区人民在美好生活水平意义上得到更平衡发展。第三，在沿海“中心”与内陆“亚中心”共同支持下，“外围”区域能更好地增强粮食安全、生态安全、边疆安全等战略性保障功能，这也是国家战略全局的需要。

构建起内陆“亚中心”进而在全国形成“中心—亚中心—外围”区域发展格局有如此重要的意义，但是否具有可行性呢？除了我们眼前的现实之外，历史、预期等都影响着区域发展格局的演化（Krugman，1991a）。各种传统区位论、增长极理论、循环累积因果论、“中心—外围”论等早期理论从多角度证明经济集聚优于分散发展。基于Dixit和Stiglitz（1977）垄断竞争模型，Krugman（1991b）等创立的新经济地理（NEG）将经济空间集聚问题带回西方主流经济学，使相关问题被视为经济学最后的前沿（krugman，1998），并在最近20多年来广受关注，众多学者深入揭示出影响区域经济集聚的几方面重要因素。第一，自然与经济地理（外生基础）。外生基础主要在初期起作用（Behrens，2007），如先天水陆交通优势影响初始集聚区位（Bosker和Buringh，2017），适宜自然条件影响人口分布（胡焕庸，1935）。第二，政策影响（外生干预）。区域政策深刻影响经济集聚(Baldwin等,2003),政府投资、转移支付进行“输血”,国家级战略平台(国家级新区/自贸试验区等)增强“造血”新动能等,都是后天干预对经济集聚的外生冲击。第三,市场选择(内生集聚)。Krugman(1991b)“中心—外围”模型、Fujita和Mori(1997)中心地体系、Fujita等(1999)城市层级等NEG理论及Baldwin和Okubo(2006)、Ottaviano(2011)等引入异质性的“新”新经济地理(NNEG)模型提供了内生集聚的一种分析方法。通常认为市场接近(Krugman,1991b)、知识关联(Fujita和Thisse,2003)、低搜索成本(Bernard等,2019)等原因引致了内生集聚,本质上讲这是微观经济主体在一定约束条件下自发选择的结果。新兴古典经济学(Yang和Borland,1991;Yang和Rice,1994)、演化经济地理学(约万诺维奇,2012)也分别从分工与交易费用、非均衡等视角解释了内生集聚。第四,前述三方面因素的相互作用。先天外生基础及后天外生干预结果都作为既成“历史”融入此后的内生集聚中累积循环形成区位锁定/路径依赖,如已有的邻近城市、城市体系分布(García等,2011)通过内生集聚(如引导人口流向)影响新城市出现的区位与后续发展。但区位锁定效应并非绝对的(Holmes,1999;Ottaviano,1999),市场“预期”或外生冲击都可能打破业已形成的“历史”路径依赖,这是区域发展格局演化的动力。

我们发现,在中国的现实国情条件下,恰好在前述的外生基础、外生干预、内生集聚等方面,都存在较为有利的条件可以支撑内陆“亚中心”的形成。第一,从基础条件来看,中国的三级地理阶梯和两条重要的地理标志线(南北方分界线、胡焕庸线)等共同决定了全国各区域的自然条件差异,除沿海地区之外,在内陆腹心地带也有自然条件优越、非常适宜人口与经济集聚的区域;而在现有区域发展格局下,仍然是在与沿海地区距离适中的内陆腹心地带,存在着既拥有广大经济腹地范围又不受沿海三大城市群发展抑制的经济区位,可以支撑起新的高水平经济集聚区域形成。第二,从国家战略来看,国家级战略平台是国家战略意图和目标实现的重要载体,不同区域获准设立的国家级战略平台数量与类型,可以较为清晰地体现出宏观层面国家战略关注的重点区域。通过梳理发现,除沿海三大城市群外还存在部分内陆重点城市群(都市圈)长期受到国家层面的青睐,在国家战略全局中具有重要地位。第三,从微观市场经济主体的选择来看，农业转移人口(俗称“农民工”，本书中混用这两个概念，指代相同群体)是中国流动人口的主要代表性群体，他们通过“用脚投票”的方式体现了微观经济主体对不同区域的微观偏好，研究发现他们对于流入区域的选择主要基于对“高处”(高收入)与“近处”(与家乡近距离)两方面的权衡。中国中西部内陆地区是农业转移人口的主要流出地，相对发达的沿海地区是“高处”与“远处”的集合体，中西部广大欠发达地区是“低处”与“近处”的集合体，但在中西部腹心地带的部分内陆重点城市群(都市圈)却提供了“较高处”与“较近处”这样一个折中的集合体，因此有利于吸引内陆的部分人口集聚。非常巧的是，上述基础条件优越、国家战略关注、人口流动偏爱三方面，共同指向了东部沿海三大城市群和中西部地区的成渝、武汉、关中等内陆重点城市群(都市圈)，这表明在沿海“中心”之外确实有条件构建起一个内陆“亚中心”。

在上篇中共包含了四章的内容。第一章立足当前的全国区域发展格局，分析构建内陆“亚中心”对中国区域协调发展的重要意义(必要性)。第二、三、四章分别从发展基础条件(代表先天外生条件)、国家战略关注(代表后天外生干预)、人口流动选择(代表后天内生机制)三方面分析有利于构建起内陆“亚中心”的若干因素(可行性)，从而全方位地回答为何构建内陆“亚中心”。

# 第一章　面向未来的区域格局[①]

## 第一节　中国当前的区域经济发展格局

改革开放40多年来，随着中国区域发展战略从东部率先开发开放、四大板块的区域总体发展到区域协调发展，资源的空间配置不断优化，由此也带来区域发展格局的演变，但围绕地区差距问题的效率（涉及充分发展）与公平（涉及平衡发展）两难选择一直贯穿其中。特别是进入20世纪90年代之后，东部单独率先发展引致的国内地区差距扩大问题逐渐受到关注，并成为争论的焦点。直到目前，地区之间的发展差距依然存在。正如党的十九大报告所指出的那样，“发展不平衡不充分的一些突出问题尚未解决”。近年来，全国区域发展形势总体良好，但也出现了一些新情况新问题。

### 一、总体东高西低南快北慢

中国区域经济发展中的东西差距是随着改革开放以后沿海地区的率先发展而逐步出现的，不仅体现在各个省、自治区、直辖市（以下统称省或省份）[②]的经济总量上，也体现在人均经济发展水平上。在国家不同时期的系列重大区域战略引领下，东中西部地区之间的协调发展得到了国家的较多关注，在东部地区始终保持较好发展势头的前提下，中西部地区在经济和社会各个方面都有了较大的实质性改善。而近年来，南北方之间的发展差距扩大成为新的现象，南方各省份的经济发展总体比北方有更好的表现。这在一定程度上可能和长江经济带发展较早成为新时代国家重大区域发展战略有关，长江沿线重点中心城市及城市群（都市圈）较多，并且过去几年在绿色发展方面都取得了

① 本章大量采用了尹虹潘和刘姝伶（2020）的研究结论。

② 本书中的区域分析都主要针对除港澳台地区外中国其他31个省份进行探讨。

积极成效，而恰好这些省份在地理上通常是被划在南方的。随着黄河流域生态保护和高质量发展上升为国家重大区域战略，北方的重点优势区域应该会实现更好的发展。南北方之间的自然条件差异可能也有重要影响。

（一）经济发展综合水平

经济总量指标及其对应的人均指标虽然并不完美，但至今仍没有更好的指标可以取代它们用于衡量国家（地区）的综合发展水平。这里选择全国（不含港澳台地区）各省份的人均地区生产总值（人均GDP）作为代表性指标进行分析。希望体现的不是传统意义上的各省份经济总量是否平衡，而是直接关系到人均意义上的收入差距、进而美好生活水平的差距。为了便于分析，这里对原始的人均GDP指标做了一定处理。具体处理方法为：

$$x_{i,t}' = 60 + 40 \times \frac{x_{i,t} - \min\left\{x_{j,t}\right\}}{\max\left\{x_{j,t}\right\} - \min\left\{x_{j,t}\right\}}, x_{i,t} \in \left\{x_{j,t}\right\} \quad (1-1)$$

其中，$x'$为处理后的人均GDP相对值，$x$为人均GDP原始值，下标$i$代表某个具体省份，下标$t$代表某个年份，$\{x_{j,t}\}$为年份$t$时各个省份人均GDP组成的集合。

按此方法当年人均GDP最高的省份得分为100分，人均GDP最低的省份得分60分，其他各省份根据在最高与最低水平之间的相对位置对应得分。这种处理结果不会改变原始人均GDP值的省际排序，但使得同一省份、不同年份的相对区域经济地位变化可以进行直观比较。全国整体经济发展水平不断进步的因素，也已经通过人均GDP最高、最低省份分别作为打分区间的上下限而得到体现。

图1-1以中国内地31个省份的人均GDP指标，粗略勾勒出了当前全国区域经济发展的总体格局，并对党的十八大以来全国区域经济发展格局的变化简况有所体现。这里将31个省份依据地理位置划分为北方和南方两个组（体现南北差距），大致按各省份辖区主体处于秦岭—淮河线南侧或北侧进行南北方的地理划分，长江干流沿线省份习惯上划在南方。每个组内计算出各省会

（首府）城市与沿海大港口城市的距离，[①]再依据该距离由小到大在横轴上将对应省份自左向右排列（体现东中西差距），纵轴为各省份人均GDP相对值。2012—2018年期间，南方多数省份得到了更好发展，表现为与最高水平省份之间的相对差距在此期间趋于缩小，除东南沿海各省份外，湖北、重庆、西藏等也提升较大。而北方除北京跃升为全国最高水平省份之外，只有陕西的相对地位得到明显提升、河南略有提升，其他多数省份与最高水平省份之间的差距在2012—2018年期间都不同程度在扩大，并且东北、华北多个省份下滑的幅度较大。

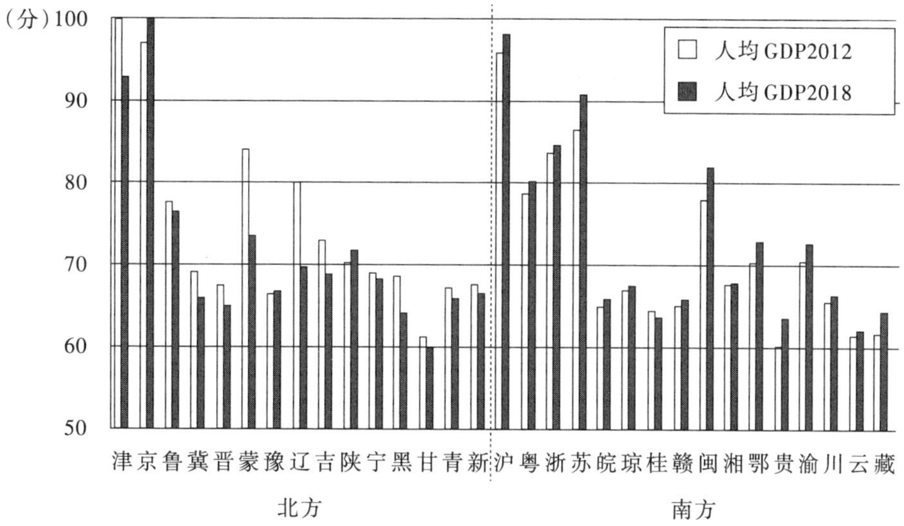


**图1-1 中国分省（不含港澳台地区）人均GDP的区域格局（2018年与2012年对比）**

数据来源：引自尹虹潘和刘姝伶（2020）。

图1-2呈现了2018年截面上31个省份人均GDP的空间分布趋势（2012年类似）。[②]横轴为各省会（首府）城市与大港口城市的距离，体现东中西部地区

① 首先使用“百度地图”测量各省会（首府）城市到京津冀、长三角、粤港澳大湾区主要大港口城市的最短通行距离（3个距离值），这样测出的通行距离比依据经纬度坐标计算的直线距离更符合现实经济；然后采用到3个大港口城市距离值中最小的一个作为某省份与沿海大港口城市的距离。长江中上游的湖北、湖南、重庆、四川、贵州、云南在现实经济中与长三角和粤港澳都有密切联系，故该六个省份与沿海大港口城市的距离采用各自到这两个大港口城市距离值进行简单平均得到。

② 北方除新疆外各省会（首府）城市在距离沿海大港口城市0~1664千米区间分布、连续性较好，而新疆距离沿海大港口城市2863千米，中间的间断距离太大，可能影响整体拟合趋势效果，故未将新疆纳入拟合。南方西藏的情况类似。

之间的差距;纵轴为各省份人均GDP的相对值,两条拟合趋势线的相对位置体现南北方之间差距。将东南沿海的大港口城市作为起点,随着与其距离的增加,各省份的经济发展水平总体趋于降低,呈现出非常明显的“东高西低”区域发展格局,无论北方和南方都是类似的。但这一变化趋势并不完全是线性单调递减的,根据拟合的趋势线可以看到,从东部到中部地区降至一个低谷之后开始了一个微弱的上升趋势,达到峰值后再次下降。在北方的这个峰值附近,陕西的人均GDP相对值较高;南方的峰值附近,重庆的人均GDP相对值较高。南方的拟合趋势线始终位于北方趋势线之上,也表明南方好于北方。

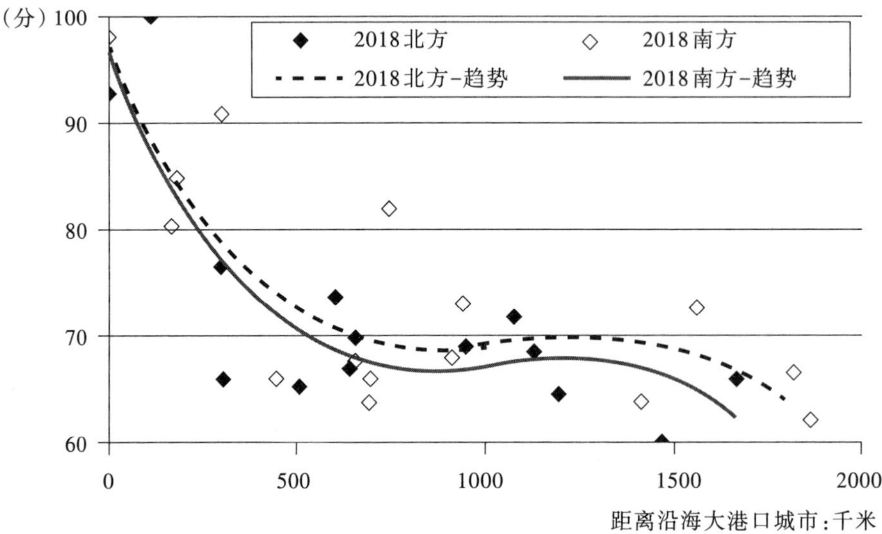


**图1-2 中国分省(不含港澳台地区)人均GDP的空间分布趋势(2018年)**

数据来源:引自尹虹潘和刘姝伶(2020)。

### (二)城乡结构与产业结构

#### 1.城市化[①]水平

如果说经济总量及其人均指标可以从经济角度反映一个国家(地区)综合发展水平的话,那么城市化水平则是从人口城乡结构视角体现发展水平的较

① 我们认为城市化、城镇化是对同一经济社会发展演化进程的不同字面表述,城市和城镇都是人口与经济在空间上的集聚载体,虽因集聚规模大小的不同而被人为进行了区分(实际上各个国家的区分标准也不同),但并没有本质上的差异。为便于叙述,本书中将主要采用“城市化”的概念,但我们对各级政府相关政策与规划、其他研究中使用“城镇化”概念的都给予充分的尊重。

好指标。图1-3中选择各省份的城市化率（城镇常住人口占总常住人口的比例），仍然按1-1式的方式处理为相对指标，图中所体现出的区域发展格局与人均GDP基本是类似的。东部沿海省份的城市化率总体上更高，中西部地区除少数重点省份外整体城市化率略低。2012—2017年期间，南方省份相对水平的上升表现略好于北方省份，东北地区的城市化相对水平出现下降。

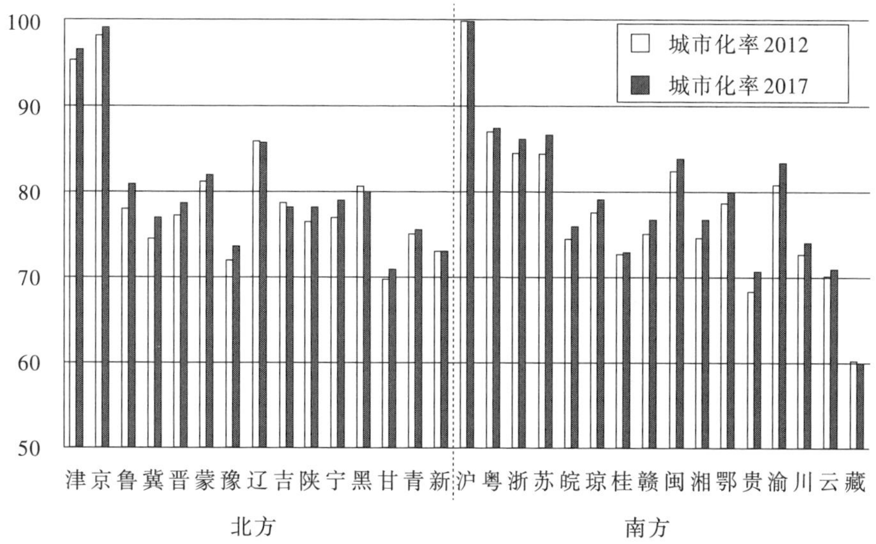


**图1-3　中国分省（不含港澳台地区）城市化率的区域格局（2017年与2012年对比）**

数据来源：城市化率数据整理计算自“国家数据”数据库，http://data.stats.gov.cn；距离数据用“百度地图”测量，https://map.baidu.com。

2.工业化水平

常见的产业结构分析指标，如第二产业增加值比重、第三产业与第二产业增加值之比等，大多只侧重强调了产业结构演变的某一个侧面，难以全面准确反映出整体产业结构的演化进程和高度。这里采用尹虹潘（2019a）构造的工业化率单一指标来衡量地区产业结构，具体计算方法为

$$Indus_{i,t} = N_{i,t} I^*_{i,t} S^*_{i,t} \tag{1-2}$$

其中，*Indus*为工业化率，*N*为非农产业（第二、第三产业之和）增加值占GDP比重，$I^*$为第二产业对工业化的贡献分，$S^*$为第三产业对工业化的贡献分，下标$i$代表某个具体省份，下标$t$代表某个年份。

$$I^*_{i,t} = \min\left(1, \mathrm{Im}_{i,t}/0.48\right), \mathrm{Im}_{i,t} = \max\left(I_{i,n}\right) \tag{1-3}$$

其中，$Im$ 为第二产业历史以来的最高占比，并约定从改革开放起算，截至下标 $t$ 对应的年份（即 n=1978，…，t）。

$$S_{i,t}^{*} = \min\left(1, S_{i,t}/0.7\right) \tag{1-4}$$

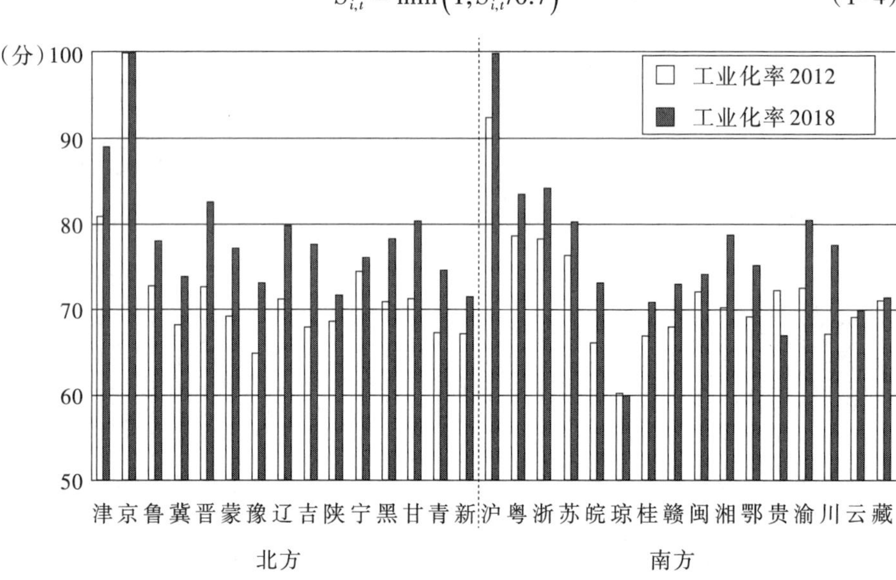


**图1-4　中国分省（不含港澳台地区）工业化率的区域格局（2018年与2012年对比）**

数据来源：城市化率数据整理计算自“国家数据”数据库，http://data.stats.gov.cn；距离数据用“百度地图”测量，https://map.baidu.com。

这种工业化率指标虽是单一指标，但从三次产业协同演化角度对产业结构进行了全方位的动态考察，能体现产业结构整体高度以及所处演化阶段。并且，该指标可以对一些历来缺少第二产业基础、反而由此呈现出第三产业占比较高的产业结构“虚高”进行甄别。首先，非农产业比重体现了产业结构现代化的基本趋势，同时也是第一产业比重的反向指标，可体现第一产业占比的长期演化趋势。其次，第二产业占比在长期中通常呈倒“U”形的演化趋势。在倒“U”形左侧区间时第二产业占比逐渐提高，并且占比越高意味着经济中的产业结构水平越高，因此在该区间直接依据其占比给出其对工业化的贡献分。进入倒“U”形右侧区间后，虽然第二产业占比开始下降，但并不代表第二产业对整体产业发展不再重要，其总量仍可能是增加的，并且是第三产业发展的重要基础，因为现代服务业以生产性服务业为主，可以视为第二产业发展的服务性中间投入（只不过从国民经济核算角度被单独拿出来进行核算），此时再以即期的第二产业占比已经不能真实体现它对工业化的贡献，于是使用第二产业占比的历史最高水平来间接反映其为第三产业进一步发展奠定的基础好坏。参数0.48的含义是，中国改革开放以来（不含港澳台地区）第二产业占比最高达到过GDP的48%以上，所以这里统一用0.48来衡量各省份第二产业占比所处的相对水平。最后，第三产业占比越高通常整体产业结构水平就越高，是工业化的正向指标。参数0.7的含义和作用与前述的0.48类似，主要参考部分发达国家第三产业占比达到过的最高水平来作为一个相对水平的判别依据。这种工业化率指标计算结果的取值在[0,1]区间，也可以用百分比（包括去掉百分号）的形式呈现出来，与城市化率等关联指标有较好的可比性。

这里仍按1-1式的方式处理为相对指标，在图1-4中画出了分省的工业化率分布情况，并将2018年与2012年进行了对比。工业化率水平呈现出的区域分布格局，在东中西方向上与人均GDP、城市化率等指标是类似的，但在南北方向上的对比表明南方和北方差异不明显。2018年与2012年相比，北方和南方的工业化率相对水平都有较大提升，南北差距主要体现在数量（增长速度）上，而不是质量（产业结构）上。这从一个侧面说明党的十八大以来，在新发展理念指导下，各地的总体经济发展质量都得到了非常明显的改善。

## 二、重点地区持续集聚发展

为更好分析中国当前的区域发展格局，这里采用尹虹潘（2012）的方法计算了各省份2012年和2018年的“经济集聚指数”“人口集聚指数”两个指标。具体计算方法及2018年的计算结果见表1-1，2012年的计算方法与此一致。

表1-1　中国分省经济/人口的空间集聚指数（2018年）

| 省份 | 经济密度 万元GDP/km² | 人口密度 人/km² | GDP占比(a) | 人口占比(b) | 土地面积占比(c) | 经济集聚指数(a)/(c) | 人口集聚指数(b)/(c) |
|---|---|---|---|---|---|---|---|
| 北京 | 18475.4006 | 1312.5343 | 0.0331 | 0.0154 | 0.0017 | 19.3280 | 8.9937 |
| 天津 | 15994.5918 | 1326.5306 | 0.0206 | 0.0112 | 0.0012 | 16.7327 | 9.0896 |
| 河北 | 1918.5729 | 402.5723 | 0.0394 | 0.0541 | 0.0196 | 2.0071 | 2.7585 |
| 山西 | 1073.1927 | 237.2520 | 0.0184 | 0.0266 | 0.0164 | 1.1227 | 1.6257 |
| 内蒙古 | 146.1473 | 21.4201 | 0.0189 | 0.0181 | 0.1236 | 0.1529 | 0.1468 |
| 辽宁 | 1710.4966 | 294.5270 | 0.0277 | 0.0312 | 0.0155 | 1.7894 | 2.0181 |
| 吉林 | 797.2952 | 143.0143 | 0.0165 | 0.0194 | 0.0198 | 0.8341 | 0.9800 |

续表

| 省份 | 经济密度 万元 GDP/km² | 人口密度 人/km² | GDP 占比(a) | 人口占比(b) | 土地面积占比(c) | 经济集聚指数(a)/(c) | 人口集聚指数(b)/(c) |
|---|---|---|---|---|---|---|---|
| 黑龙江 | 359.7407 | 82.9564 | 0.0179 | 0.0270 | 0.0475 | 0.3763 | 0.5684 |
| 上海 | 51537.4073 | 3822.7409 | 0.0357 | 0.0174 | 0.0007 | 53.9158 | 26.1939 |
| 江苏 | 9024.8928 | 784.6979 | 0.1012 | 0.0577 | 0.0107 | 9.4414 | 5.3768 |
| 浙江 | 5520.3487 | 563.5560 | 0.0614 | 0.0411 | 0.0106 | 5.7751 | 3.8616 |
| 安徽 | 2152.1527 | 453.5707 | 0.0328 | 0.0453 | 0.0146 | 2.2515 | 3.1079 |
| 福建 | 2887.4226 | 317.8226 | 0.0391 | 0.0282 | 0.0130 | 3.0207 | 2.1778 |
| 江西 | 1316.9823 | 278.4351 | 0.0240 | 0.0333 | 0.0174 | 1.3778 | 1.9079 |
| 山东 | 4865.6900 | 639.2807 | 0.0836 | 0.0719 | 0.0164 | 5.0902 | 4.3804 |
| 河南 | 2877.5964 | 575.1497 | 0.0525 | 0.0688 | 0.0175 | 3.0104 | 3.9410 |
| 湖北 | 2116.6405 | 318.1422 | 0.0430 | 0.0424 | 0.0194 | 2.2143 | 2.1800 |
| 湖南 | 1719.5842 | 325.6872 | 0.0398 | 0.0494 | 0.0221 | 1.7989 | 2.2317 |
| 广东 | 5409.9409 | 630.9889 | 0.1063 | 0.0812 | 0.0188 | 5.6596 | 4.3236 |
| 广西 | 859.9858 | 208.1458 | 0.0223 | 0.0353 | 0.0247 | 0.8997 | 1.4262 |
| 海南 | 1366.7619 | 264.1851 | 0.0053 | 0.0067 | 0.0037 | 1.4298 | 1.8102 |
| 重庆 | 2471.1710 | 376.4426 | 0.0223 | 0.0222 | 0.0086 | 2.5852 | 2.5794 |
| 四川 | 840.3600 | 172.3148 | 0.0445 | 0.0597 | 0.0506 | 0.8791 | 1.1807 |
| 贵州 | 840.4590 | 204.3469 | 0.0162 | 0.0258 | 0.0184 | 0.8792 | 1.4002 |
| 云南 | 453.8355 | 122.5888 | 0.0195 | 0.0346 | 0.0412 | 0.4748 | 0.8400 |
| 西藏 | 12.2893 | 2.8610 | 0.0016 | 0.0025 | 0.1256 | 0.0129 | 0.0196 |
| 陕西 | 1187.5080 | 187.7597 | 0.0267 | 0.0277 | 0.0215 | 1.2423 | 1.2866 |
| 甘肃 | 181.3224 | 57.9848 | 0.0090 | 0.0189 | 0.0475 | 0.1897 | 0.3973 |
| 青海 | 39.9346 | 8.4044 | 0.0031 | 0.0043 | 0.0750 | 0.0418 | 0.0576 |
| 宁夏 | 713.1655 | 132.4248 | 0.0041 | 0.0049 | 0.0054 | 0.7461 | 0.9074 |
| 新疆 | 74.4832 | 15.1847 | 0.0133 | 0.0178 | 0.1712 | 0.0779 | 0.1040 |

数据来源:整理计算自“国家数据”数据库,http://data.stats.gov.cn。

注:表中数据在计算时未保留小数位数,计算后保留四位小数。

如果某省份的经济(或人口)集聚指数大于1表明其经济(或人口)总量占比[①]高于其辖区土地面积占比,反之则相反。从表1-1可以看出,不同省份的经济(或人口)空间集聚程度差异较大,集聚程度最高的省份与集聚程度最低的省份之间存在巨大差距。为了在同一个图中展示不同省份的集聚发展情

① 这里的占比是一个省份的某指标占中国31个省份(不含港澳台)该项指标之和的比重。

况,这里对两个集聚指数原始值以10为底取对数,然后以人口集聚指数的对数为横坐标、经济集聚指数为纵坐标画出散点图(见图1-5)。

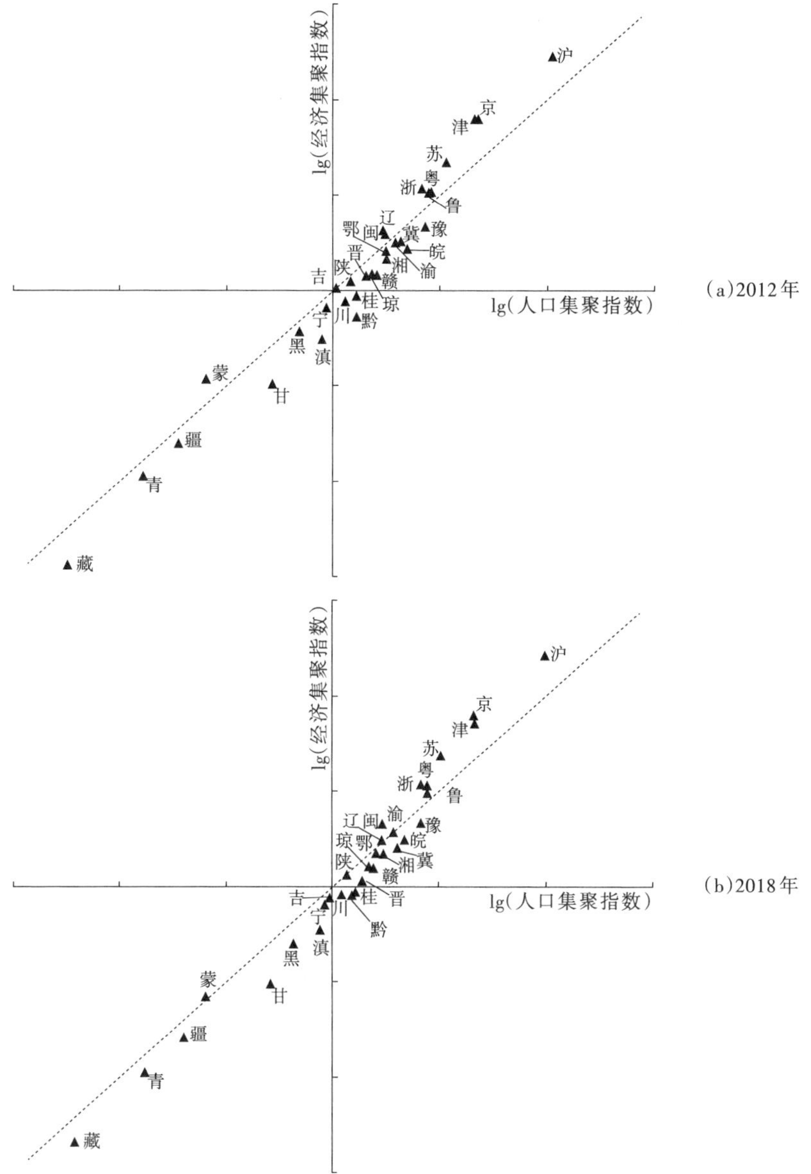


**图1-5 中国分省人口—经济集聚发展状态分布(2018年与2012年对比)**

数据来源:整理计算自“国家数据”数据库,http://data.stats.gov.cn。

需要特别说明的是,取对数之后的结果不改变每个省份集聚水平的相对排序，只是缩小了彼此间差距的尺度；而且可以带来一个好处，那就是将集聚指数原始值大于或小于1转化为对数值的大于0或小于0，从而可以在平面坐标系中被归入不同的象限，更加直观体现不同省份的集聚分类。

其中，处于坐标系第一象限的省份是人口和经济两个集聚指数均大于1的，处于第三象限的省份是两个集聚指数均小于1的，而处于第四象限的省份是人口集聚指数大于1、经济集聚指数小于1的。根据实际计算结果没有处于第二象限的省份，因为经济是引导人口流动的一个重要因素，只要不是人口流动面临特别大的阻力，通常不太可能出现一个地区经济集聚程度较高而人口集聚程度很低的情况。

图1-5中也画出了过原点的45度虚线，虚线上方的省份经济集聚指数大于人口集聚指数，虚线下方的省份相反。所有省份总体上围绕在45度虚线两侧整体呈“S”形分布，即相对发达的省份主要处于偏右侧区间的45度虚线上方，发展相对滞后的省份主要处于偏左侧区间的45度虚线下方。这种分布恰是地区差距使然，当地区之间的人均发展水平（人均GDP）差距越大时，45度虚线两侧的省份偏离的程度也就会越大；而当不同省份之间人均发展差距消失时，所有省份会全部都成为45度虚线中的点。

结合各省份所处象限及与45度虚线的位置关系，大致可以把31个省份划分为4类。其中，A类处于第一象限45度虚线上方，大多是东部沿海地区的发达省份；B类处于第一象限45度下方，主要是中西部地区发展相对较好的省份；C类处于第四象限，是仅次于B类的中西部省份，数量较少，是介于B和D之间的一种过渡类别；D类处于第三象限，大多是西部（更多是西北）发展相对滞后的省份（详见表1-2）。大致可以认为，按各省份所属的ABCD分类排序，发展潜力是依次递减的。

表1-2　中国分省（不含港澳台地区）集聚发展类型划分（2018年与2012年对比）

| 类型 | A类 | B类 | C类 | D类 |
| --- | --- | --- | --- | --- |
| 2012年 | 上海、北京、天津、江苏、浙江、山东、广东、辽宁、福建、吉林 | 河南、河北、重庆、安徽、湖北、湖南、海南、江西、山西、陕西 | 广西、四川、贵州 | 宁夏、黑龙江、云南、内蒙古、甘肃、新疆、青海、西藏 |
| 2018年 | 上海、北京、天津、江苏、浙江、广东、山东、福建、重庆、湖北 | 河南、安徽、河北、湖南、辽宁、海南、江西、陕西、山西 | 广西、贵州、四川 | 吉林、宁夏、云南、黑龙江、甘肃、内蒙古、新疆、青海、西藏 |

2018年与2012年相比，以京津冀、长三角、粤港澳大湾区（大珠三角）三大城市群为代表的沿海重点区域集聚发展的势头始终处于较好状态。变化最大的是长江经济带沿线的重庆、湖北从B类跻身A类，东北的辽宁、吉林从A类分别降为B类和D类，这正好印证了近年来南快北慢的新变化以及东北地区面临的经济不振与人口流失等困境。

全国多数省份的全省整体发展情况与省内重点城市发展水平是基本一致的，都通过前述的ABCD分类得到了很好的体现，但也有少数省份的特殊情况值得关注。有的省份整体发展水平不低，但缺少综合实力较强、有全国影响的中心城市，如河南、河北都是这类例子。而有的省份全省总体所处的集聚发展分类等级并不靠前，但其省会等少数重点城市仍然有较好发展表现，典型例子是四川，省内有连片的深度贫困地区，全省整体集聚发展水平只位列C类，而且2018年与2012年相比，单位面积经济集聚水平还被贵州超越，但在“大省会”区域政策推动下其省会成都仍然发展势头良好。这两类省份数量都不多，究竟哪种省内区域格局更有利于全省的整体发展，还有待长期观察和专门研究。

## 第二节　现有区域经济发展格局的局限

当前全国的区域经济发展格局下，东部沿海地区总体高度集聚发展，成为全国具有支撑性的经济“中心”区域，京津冀、长三角、粤港澳大湾区三大城市群是其中的代表。而中西部内陆地区总体发展滞后，部分重点省份有相对较好的发展表现，如西部的重庆、四川（主要是成都周边区域）、陕西，以及中部的湖北等，都在各自所处的区域板块内居于领先水平，但与东部沿海相比整体支撑性还有待提高。也有观点认为这种格局正是效率的体现，是经济发展的客观规律使然，不应该也不可能去改变这种区域经济格局，否则就是违背规律。这里暂且不论是否应该以及能够改变现有格局，先来看看其对全国区域协调发展带来的不利影响。

### 一、宏观层面的不利影响

主要的经济发达省份大多都位于东部沿海地区，一个直接的结果就是中西部广大内陆地区的腹心地带缺少经济支撑区域，这对于宏观层面的国家整体发展战略而言，至少存在三方面的不利影响。需要特别说明的是，这些不利影响不是沿海地区集聚发展本身带来的，而是只在沿海地区集聚发展却忽视了其他地区引起的。

（一）不利于全面对外开放发展

当今世界是一个开放的世界，虽然近年来部分国家贸易保护主义有所抬头，但这并不能阻挡全球化的历史趋势。中国改革开放40多年的快速发展，也证明了对外开放的重要意义。在海洋运输的成本优势下，各国的沿海地区往往都成了开放经济条件下的发达地区，而世界上国土面积较大的国家大多都是多面沿海的，包括美国、加拿大、俄罗斯等都是如此，这为开放经济发展带来了极大的便利。然而，这也使得重点发展沿海地区成为一种全球性的思维定式，束缚了人们的想象空间。

中国作为一个国土面积较大的国家，东面临太平洋、西面背靠欧亚大陆，如果按照既有的思维定式，当前全国的区域经济发展格局就是规律使然。但是对于超大地理空间纵深、超大人口与经济体量的中国来说，如果只通过东部沿海地区发展开放经济，这与那些多面沿海的大国相比，在先天条件上就处于非常不利的地位。更何况，对内而言沿海开放带来的发展动力在普遍存在的距离衰减规律作用下远远不能覆盖到整个国家，即开放程度不能满足"大国经济"超大空间纵深的经济发展需要；对外而言海上通道的战略安全并不完全掌握在我们自己的手中，即开放安全不能满足国家战略的需要。

在百年未有之大变局中，必须重新认识陆海并存这一先天条件相比多面沿海的优势，通过对中国"第一自然"的再发现和"第二自然"的再创造（尹虹潘，2012），打破来自海洋文明的思维定式局限，营造并充分利用有利于自身发展的条件，更好地服务于国家战略。所幸的是，中国古代的先辈们在航海技术尚不发达的年代，已经为我们走出了一条陆上古丝绸之路，可以贯通整个欧亚大陆。这使我们可以同时拥有更多的选择，既充分利用东部沿海的海上运输成本优势，又可以利用西部陆上通道的时间优势，并且多通道有助于降低风险。

党的十八大以来，中国提出的"一带一路"倡议得到各国积极响应，与沿线国家各自的发展战略形成有机对接，为构建"人类命运共同体"提供了有力的支撑平台，也给国内的开放经济发展带来了更多的战略机遇。“一带一路”建设需要陆海内外联动、东西双向互济，沿海地区对外开放的区位优势主要在于东向衔接21世纪海上丝绸之路（即“一路”）的建设，重点面向环太平洋地区发展开放经济，而在西向衔接丝绸之路经济带（即“一带”）建设方面，陆上连接亚欧大陆沿线各国并不占优。所以，现有的全国区域发展格局下，沿海地区的单一支撑不能完全满足中国全面扩大对外开放发展的战略需要。

### （二）不利于内部发展与安全稳定

中国是一个典型的“大国经济”。中国的超大人口规模决定了，主要依靠进口来满足国内的全部需求是不现实的，要么国外的供给跟不上（产能不足或受国际政治经济博弈影响），即使供给能跟上也可能因中国的总需求如此之大而将价格抬高到多数人难以接受的程度。中国的超大经济规模又决定了，主要依靠出口来销售国内生产的全部产品也是不现实的，因为国际市场的需求也不可能无限增长，而且出口的决定权并不在本国手中。过去较长时期里外需对全国经济增长拉动较大，一方面是所处发展阶段下本国人民的收入水平不高及其带来的有效需求不足，另一方面对外开放水平提高、特别是加入世贸组织（WTO）确实提供了更广阔的国际市场。但前述两方面因素都是阶段性的，不会永远持续下去，所以在中国“大国经济”的超大人口规模与经济体量下，对外经济合作始终非常重要，但全国经济在长期终将回归到国内生产的大部分产品主要用于满足国内需求的状态，这也是为什么在新时代我们需要推动形成以国内大循环为主体、国内国际双循环相互促进的新发展格局。

在此前提下来思考能否只在东部沿海地区进行集聚发展，答案是否定的。东部沿海地区已经成为中国的经济“中心”，但处于全国最东端，是地理“边缘”。中国的超大空间纵深决定了，即使沿海三大城市群的集聚发展水平很高，但仍不可能将其强经济辐射覆盖到整个国家，特别是处于内陆深处另一侧地理“边缘”的广大西部地区，这也是由区域发展中普遍存在的距离衰减规律所决定的。如果不能把全国人口都集聚到沿海地区，那么单纯依靠沿海地区的经济集聚发展来服务于广大内陆人民的各种产品和服务需要，就必然存在巨大的地理性障碍。也许随着现代交通运输技术、信息搜寻技术等的不断发展，可以在一定程度上减轻因地理跨度太大而带来的各种阻碍，降低广义的交易成本（特别是各种地理性成本）。但结果只有两种可能：一种可能是成本仍降得不够低，尤其当沿海地区要服务的这个内陆区位距离越远时，越不容易把各种地理性成本降为0，那么只能部分缓解地理性阻碍，不能根本消除，沿海地区就仍不能很好地满足广大内陆地区的需要。另一种可能是各种地理性成本能够被降得足够低，使得沿海地区可以用极低的地理性成本（甚至0成本）满足内陆深处人民的各种产品和服务需要，但此时如果反过来看就会发现，内陆深处也就可以用极低的地理性成本充分利用沿海的海运条件了，那么在内陆深处集聚和在沿海集聚还有什么差别呢，沿海的优势已经不复存在，或者说相关优势为所有地区所共有了。

与此同时，一些研究中常常忽略国家安全因素带来的影响，认为经济研究不必考虑经济以外的因素。如果是做单纯的经济理论研究，大致可以是这样。但如果是针对现实的中国区域经济发展问题进行研究，就不能不综合考虑多方面因素了。全国的区域经济协调发展必须以国家安全作为最基本的前提，经济发展赖以依存的环境和条件必须得到保证，或者也可以把这看作是经济发展所必需的公共产品。西部边疆安全问题是影响全国区域发展格局的深层次因素，与区域经济发展密切相关。边疆地区的长治久安要求边疆人民能与其他地区的人民一样过上美好生活，人民富足则边疆安定。而西部边疆地区自身并没有那么好的发展条件，因此就需要有其他基础条件好、发展水平高的地区去带动边疆地区和服务边疆地区。显然处于地理东端的沿海发达地区并不是服务西部边疆地区的最佳选择，这也决定了单独只在沿海地区集聚发展是不行的。

### （三）不利于整体集聚发展效率提升

沿海地区的集聚发展在很大程度上得益于一批高行政级别城市的引领带动，全国的四个直辖市中有三个在沿海，十五个副省级市/计划单列市有十个在沿海。一方面，这些城市之所以被国家选定作为高行政级别城市是因为它们自身有较好的发展条件和发展基础，这也是部分研究所强调的客观发展规律。另一方面，这些城市被国家赋予高行政级别之后也在很大程度上得到了国家政策的支持，[illegible]，重点要素配置和重点产业布局倾斜，优质教育、医疗、文化、科技[illegible]倾斜等，也包括高行政级别本身带来的行政性资源配置能力增强以及在引[illegible]微观经济主体预期中的额外“加分”。

所以有研究指出，沿海地区的集聚发展优势并不完全内生于其自身“地理区位+市场机制”，实际也得到了国家政策的外生加持（如众多高行政级别城市），如果片面强调人口向沿海集聚就可能带来无效率的“膨胀”，而并非总是有效率的集聚（江艇等，2018）。这种观点并不是否定集聚发展本身，也不是反对沿海地区集聚发展，而是说不能只强调在沿海地区形成人口与经济集聚。总归有一部分人口（或其他微观经济主体）并不完全是冲着沿海地区自身的内生优势选择沿海的，而是看中了国家赋予的高行政级别背后附着的额外好处（比如优质公共服务资源），因此就不能保证众多人口都只往沿海集聚是完全符合效率原则的。

也有研究发现，在城市基本公共服务面向农业转移人口的开放度方面，总体上表现为东部城市<中部城市<西部城市、直辖市<省会城市<其他地级市、珠三角/长三角/京津冀的城市<三大城市群外的城市（钱雪亚和宋文娟，2020）。为什么这些经济相对发达、财力相对较强的城市（特别是沿海三大城市群的高行政级别城市），对外来新增城市人口的基本公共服务开放度反而更低呢？基于沿海三大城市群高行政级别城市的优质公共服务资源配置远多于其他城市，然后沿着江艇等（2018）背后的逻辑，可以推断出一些可能的情况。第一，倾斜配置的优质公共服务资源使这些城市原市民享有的基本公共服务水平较高，即使对外来新增人口开放度较低也仍有一定吸引力；而原市民作为既有的受益者也并不愿意太轻易与新市民共享，因为这些资源并不完全都是纯公共产品，更多人分享必然会由于竞争性、排他性等因素而在某些方面削弱原市民的利益，如医院排队更长、义务教育班级规模更大、高考竞争增大等。第二，正因为这些城市原市民享有的基本公共服务水平较高，而外来农业转移人口数量太多，为如此多新增外来人口提供如此高水平（与原市民相当）的基本公共服务所需财力太大，即使这些城市的财力已经够强，但仍可能力不从心。这些都从一个侧面反映出沿海三大城市群的高行政级别城市，在优质公共服务资

源配置中得到了行政力量加持。

除此之外,前面的分析也指出了沿海地区在对外开放、服务内陆发展与边疆安全等方面是存在劣势的。如果只在沿海地区集聚发展,将只能发挥局部的优势,实现“一域”的更充分发展,而不是“全局”的。对于另外一些在西向开放对接“一带”建设方面有优势的区域、在服务内陆发展与边疆安全方面有优势的区域,都可以根据其自身条件进行与之相适应的集聚发展。只有发挥好各个“局部”的优势,才能使国家“全局”的发展效率提升最大化。这就意味着,在全国的区域经济集聚发展的总体格局中,沿海地区应该、也必然是重点,但不可能是唯一,更不是全部。

**二、微观层面的不利影响**

只在沿海地区形成集聚对微观层面的最大不利影响,就是制约了各地人民对美好生活的追求。以人口自由流动为基础的集聚发展思路本身并没有错,反而是符合客观规律的,那些选择了沿海地区并且能够留下成为本地市民的人口应该都可以在沿海的集聚发展中很好实现美好生活的诉求。具体来讲,大致有人口意愿阻碍、制度因素阻碍、地理因素阻碍、融入沿海阻碍等几类原因,使部分人口没有选择迁移到沿海地区。其中有的阻碍因素可能被缓解甚至完全消除,但也有的阻碍因素是难以被完全消除的。因此沿海地区目前没有、在可预见的未来也不可能像“黑洞”一样集聚全国所有的人口,那些因为各种原因没有流向沿海的人口,他们的美好生活诉求就不可能直接从沿海的集聚发展中得到很好的满足,只能从沿海地区之外寻求解决方案。

这里需要特别强调的是,列举各种制约沿海“无限”集聚的原因,并不是认为沿海地区不适宜集聚发展。事实上恰好相反,沿海地区是全国经济集聚发展条件相对较好的地区,应该进一步创造条件帮助沿海地区实现更好的集聚。比如,通过户籍等二元制度改革,让那些原本希望去沿海地区但受到户籍制度限制没去得了的人口能够如愿;通过规划理念的更新、建设用地配置的优化,进一步缓解外来人口融入沿海城市的阻碍;等等。但对不能完全被消除的阻碍因素,比如人口自身迁移意愿和各种地理性迁移成本带来的阻碍,也必须充分尊重现实。那些会一直存在的阻碍因素,甚至部分未来能消除的因素,其短期存在都会通过影响演化路径而改变演化结果,这些都应该归属于新经济地理所说的经济集聚中的非“黑洞”条件,沿海地区应该高度集聚发展以及这种集聚的非无限性都是客观规律使然。

(一)自身没有流向沿海的意愿

沿海地区代表了全国经济发展的最高水平,比其他地区更有可能为就业者提供高收入。但每个人的“效用函数”构成千差万别,其中并不是只有经济或收入作为唯一目标,基于多目标的综合考虑,不会每个人都单纯因为预期收入的增长而必然愿意流向沿海。比如,恋乡情结、民族习俗等非经济因素,以及每个人自身的人力资本条件、家乡的各种资源禀赋等经济因素,都可能使部分人口没有离开家乡流向沿海的意愿。甚至有的农业人口,在留守农村务农与进城务工之间一直选择留守农村(尹虹潘和刘渝琳,2016b)。

(二)户籍等制度性因素的阻碍

农业转移人口是中国跨区域流动的主要群体,但城乡二元分割的户籍制度阻碍了人口自由流动(Au和Henderson,2006;Whalley和Zhang,2007)。户籍制度的这种效应以及由此给经济发展带来的不利影响是有充分共识的,近年来国家也正在深化相关体制机制改革。部分研究把户籍制度视为沿海地区集聚发展的主要阻碍,认为只要通过改革消除户籍制度性障碍,城乡与区域协调发展就可以通过沿海的集聚而自然实现(陆铭和陈钊,2008;陆铭和向宽虎,2014;陆铭,2017;陆铭等,2019)。

(三)各种地理性迁移成本的阻碍

地理空间距离对全国人口迁移、特别是对部分人口不选择沿海的负面影响,源于当前区域经济发展格局下作为经济“中心”的沿海地区在全国的地理东端,作为农业转移人口主要流出地的内陆地区处于反方向的地理西端,“高处”同时也是“远处”,人口流向沿海地区的地理跨度太大。人口远距离流动,经济成本与精神(情感)成本等直接迁移成本较高;农业转移人口主要是“非正规”就业,而在“非正规”就业中往往能为就业和收入带来便利的家乡“关系”等社会资本(Zhang和li,2003),难以从距离沿海地区较远的家乡延伸过去;语言/方言沟通(刘毓芸等,2015)、饮食习惯、文化习俗等巨大差异可能成为就业与生活的障碍。前述这些因素都可能使沿海未必是距离较远的农业转移人口最好的选择。根据国家统计局对农业转移人口(农民工)的相关监测统计,西部地区跨省流动农民工比例大大低于中部地区(西部地区的省内流动比例则对应高于中部地区),就是地理性迁移成本增大制约人口流向沿海的一种显性体现。户籍等制度性阻碍可以通过改革来逐步消除,而各种地理性阻碍却是难以完全消除的,如果地理性阻碍完全消除也就意味着沿海的优势不复存在了。

表1-3 外出农民工跨省与省内流动构成比例(2018年与2012年对比)

| 家乡所在地区 | 2012年 | | 2018年 | |
|---|---|---|---|---|
| | 跨省流动(%) | 省内流动(%) | 跨省流动(%) | 省内流动(%) |
| 东部地区 | 16.3 | 83.7 | 17.2 | 82.8 |
| 中部地区 | 66.2 | 33.8 | 60.6 | 39.4 |
| 西部地区 | 56.6 | 43.4 | 49.6 | 50.4 |
| 东北地区 | — | — | 26.4 | 73.6 |

数据来源:2012年数据来自《2012年全国农民工监测调查报告》,国家统计局网站,http://www.stats.gov.cn/tjsj/zxfb/201305/t20130527_12978.html,2013年5月27日;2018年数据来自《2018年农民工监测调查报告》,国家统计局网站,http://www.stats.gov.cn/tjsj/zxfb/201904/t20190429_1662268.html,2019年4月29日。

### (四)融入沿海城市受到各种阻碍

有研究发现沿海城市的容纳能力不足,主张以城乡互动为基础,在全国各地推进就地或就近城市化(刘文勇和杨光,2013)。也许并不是沿海城市的规模已经达到经济意义上的最优“上限”,而更多是由于过去的城市规划建设理念造成了基础设施与公共服务供给不足,但无论成因如何,这是短期难以改变的既成事实。即使一些研究呼吁改变对大城市规模的限制,部分政策也开始在转变,但不可能在一朝一夕就改变过去已经形成的现实,这必然是一个长期的过程。在当前和未来一个时期,只能以现实为基础来考虑农业转移人口进城的需求如何满足。显然不可能让他们先留在农村,等到沿海大城市的基础设施与公共服务“扩容”之后再转移出来,那么就需要在沿海地区之外吸纳相当数量的农业转移人口。

此外,虽然沿海地区可以提供更高的收入,但也带来更高的生活成本,其中最重要的是高房价，将会对外来人口融入沿海城市带来较大的经济阻碍。相关研究认为，2003年以后全国建设用地指标分配向欠发达地区倾斜使发达地区建设用地指标供给相对紧缺，而人口大量流入使土地/住房需求增加，因此推高了发达地区城市房价，进而推高工资水平，对发展效率带来负面影响（陆铭等，2015；韩立彬和陆铭，2018）。建设用地供给不足对沿海城市高房价的影响的确不可忽视，当其他条件都被控制住的情况下，从理论上说供给量足够大就可以把房价降得足够低。

但是现实中供给不可能是无限的，即使全国建设用地指标的分配格局一直维持在2003年之前的状态，也不可能使沿海城市的房价/地价完全不上涨（但不可否认会有抑制房价上涨的效果）。人口集聚规模增加引致城市内部收入差距扩大是规律使然（陆铭，2016），从理论到经验实证研究的结果都表明城市内部收入差距扩大本身就会推高房价/地价（尹虹潘，2011；徐舒和陈珣，2016）。而东部地区的引资竞争也会提升居住用地价格与房价，与之相对比，中西部地区的引资竞争则并不会产生这种效应（范小敏和徐盈之，2019）。所以，比较全面地看待沿海城市的高房价问题，应该认为有限供给下随着集聚发展的规模不断增大、竞争日益加剧，沿海城市的房价总是会升高的，对中西部地区建设用地指标的倾斜可能从供给端提高了沿海城市房价上涨的程度，但并不是沿海城市高房价的唯一成因。

## 第三节　“亚中心”的重大意义与作用

党的十八大以来中国特色社会主义进入新时代，贯彻新发展理念推动经济高质量发展，更需要一个良好的空间载体作为支撑，因此国家将实施区域协调发展战略作为建设现代化经济体系的重要组成部分和重大战略。[①]第一，在宏观层面，基于中华民族伟大复兴的“目标导向”，必须转变发展方式、优化经济结构、转换增长动力，对外有“一带一路”倡议与国际合作，对内逐步形成京津冀协同发展、长江经济带发展（含长三角一体化）、粤港澳大湾区建设、黄河

① 参见《中共中央、国务院关于建立更加有效的区域协调发展新机制的意见》，2018年11月18日，中国政府网，http://www.gov.cn/zhengce/2018-11/29/content_5344537.htm，2018年11月29日。

流域生态保护和高质量发展等重大区域发展战略,2020年初中央又对成渝地区双城经济圈建设作出战略部署,希望培育有全国影响力的内陆经济中心。相关重点区域的更充分发展需要"落地",粮食安全、生态安全、边疆安全等一系列的战略性保障功能需要进一步增强。优化全国区域经济发展的空间格局与动力支点分布是重要一环,这是国家的战略要求。第二,在微观层面,立足社会主要矛盾转化的"问题导向",必须更好地满足人民对美好生活的需要,构建什么样的区域经济发展格局更有助于让不同地区的人民享有水平大致相当的美好生活,解决地区间不平衡发展问题是一个关键,这是人民的生活关切。

## 一、未来区域经济发展格局的选项

在2020年全面建成小康社会之后,应该既立足区域经济不平衡不充分发展的现实问题,又展望未来面向第二个百年目标,按照"问题+目标"的双重导向,优化全国区域经济发展的空间格局,将宏观层面的国家战略意图和目标、微观层面的人民利益诉求有机结合起来。既要全面落实国家战略、实现其意图和目标;又要坚持以人民为中心的发展思想、充分尊重人们基于追求美好生活而作出的区际流动选择意愿。现有研究对未来全国的区域经济发展的适宜格局,提出了三个不同的选项。

### (一)人口就地发展的"分散平衡"格局

中国是超大人口规模、超大空间纵深的典型"大国经济",要解决不同省份人民生活水平高低不均的问题似乎就应该让每个省份都得到相对平均的发展。当然,这并非传统观点中的省际经济总量相等,或依据地理面积的地均产出水平均衡,而是考虑到不同省份的初始人口(户籍人口)不同,让各省份在户籍人口不流出的前提下达到人均经济发展水平基本相当。这种区域经济发展格局与刘文勇和杨光(2013)的就地或就近城市化主张是一致的,城市规划领域的一些学者在全面分析了美国、欧盟等城市体系之后也认为中国应该构建多中心、相对均衡分布的城市体系(尹稚等,2017)。由于这种区域发展格局下,人口大多分散在各自初始的户籍所在地没有流出,整个国家不会出现大量人口在少数地区高度集聚的状态,因此不妨称之为"分散平衡"格局。

这里所说的"分散平衡"格局,是在现实非均质空间下维持各区域初始人口不流失的区际平衡状态，与新经济地理（NEG）模型中的“对称均衡”状态（Krugman，1991b）不完全一样。后者是在均质空间理想化假设下，维持两个完全对称区域的初始人口均不流失的区际平衡状态。或者可以把NEG的“对称均衡”看作这种“分散平衡”在均质空间和初始对称条件下的一种特例。

从“分散平衡”格局的结果来倒推实现过程，既然人口（劳动力）不发生区际流动，就只能让资本等其他要素资源向人口所在的区域流动并与之进行结合。其中发展条件较好的地区本身能借助市场机制吸引资本等要素集聚（但不排除国家的政策扶持），而一些基础和条件并不非常好的欠发达地区就主要只能依靠国家进行更多的要素投入倾斜。从现实来看，要素投入倾斜主要包括资金、土地等，但相关研究表明这些要素投入倾斜会不同程度地带来一些不利于区域协调发展的副作用。

资金投入倾斜一般通过财政转移支付等方式来实现。转移支付达到一定“门槛值”后将引起产业转移以增加欠发达地区的产业份额，却不能有效缩小区际生产效率差距（颜银根，2014）。不能缩小区际生产效率差距，也就难以缩小劳动收入水平的地区差距。那么要使欠发达地区初始人口（大致可以与户籍人口对应）不因收入差距而流出，可能就无法内生地得以实现，只好持续实施更大规模的财政转移支付。考虑到转移支付的来源，显然最终只能来源于发达地区的发展成果，从区域协调发展的角度来说这是必要的、应该的，但超过合理限度也可能加重发达地区的负担而制约其进一步发展。

土地是必不可少的发展空间载体，国家给予了欠发达地区在建设用地指标分配上的部分倾斜[①]，以保证欠发达地区发展所需的建设用地得到充足供给。并且这种供给量的增加本身也有助于平抑建设用地使用权的出让价格（地价），从而为欠发达地区营造一个低成本的发展环境，但这也会产生两种负面效应。第一，助长了欠发达地区大量建设“新城”的冲动，不但“新城”发展缓慢，还带来地方政府高企的债务（常晨和陆铭，2017）。第二，建设用地指标分配向欠发达地区倾斜，使东部沿海发达地区建设用地指标供给相对紧缺，至少在一定程度上加大了沿海城市的房价上升压力（陆铭等，2015）。

---

① 实物形态的土地各省份都有，但要用于经济发展（特别是非农产业发展和城市建设）必须有建设用地指标，这是制度约束。

以上情况表明，人口就地发展的“分散平衡”格局符合平衡发展的要求，但追求的是简单的结果公平，没有充分考虑到地区间客观差异对区域经济长期持续发展的影响，这对各地区的充分发展显然是不利的，因此，不是新时代区域协调发展的正确选择。

### （二）人口向沿海集聚的“中心—外围”格局

“人往高处走”的俗语体现了人们为追求生活改善而积极上进的奋斗方向。在中国典型的“二元经济”特征下，改革开放以来跨区域流动的人口主要是通常被称为“农民工”的农业转移人口。他们从欠发达地区的农村流向发达地区的城市，首要目标是获得高收入（蔡瑞林等，2015），而就业机会、教育回报率等都存在显著的地区差异（邢春冰等，2013），选择流入不同的地区就可能会有不同的收入，沿海发达省份作为改革开放以来率先发展到较高水平的地区，无疑是“高处”。正是因为农业转移人口存在高收入导向的区域流向选择动机，那么就有可能通过人口与经济向沿海地区的集聚走向城乡与区域协调发展。

从理论上说，如果人口真能全部集聚到沿海地区，当然可以使优势地区更加充分发展，而沿海充分发展的成果反过来又促进了全部人口的福利改进，最终就能实现人均意义上的发展平衡。在这个动态的过程中，随着越来越多的人口流向沿海地区，沿海地区会发展得更好，同时也就有更多的人口享受到沿海发展的成果；与此同时，留在“外围”的人口是同步减少的，那么即使“外围”自身的资源是有限的，也能使越来越少的人口获得人均意义上越来越高的生活水平，因此这也是一个区际收入差距逐渐缩小的过程。如果人口与经济都往沿海地区集聚，那么最终形成的区域发展格局，将会类似于新经济地理所说的“中心—外围”格局。这是与前面已经谈到的陆铭和陈钊（2008）、陆铭和向宽虎（2014）、陆铭（2017）、陆铭等（2019）等系列研究的思想相一致的，并有一个等式可以体现该思想：

$$\frac{\text{收入(资源约束)}}{P-U}=\frac{\text{收入(技术,资本)}}{U}-C(U)\begin{cases}\text{制度成本}\\ \text{技术与管理:污染与拥堵}\end{cases}$$

其中，$P$可以看作全国总人口、$U$是集聚在“中心”的人口、$P-U$则是“外围”人口规模，$C(U)$是“中心”集聚的阻碍因素，强调了户籍等制度带来的阻碍以及“中心”集聚规模过大可能带来的技术与管理成本，是关于“中心”人口规模$U$的函数。

但前面已经分析了，如果全国只在沿海地区集聚发展，在宏观层面不利于全面对外开放、不利于内部发展与安全稳定、不利于整体集聚发展效率提升，在微观层面只考虑了人的经济（收入）诉求而未考虑个人“效用函数”中的其他目标、只考虑了可以消除的制度性阻碍而未考虑难以完全消除的地理性阻碍等。考虑了地理性阻碍之后，上述等式应该改为：

$$\frac{\text{收入(资源约束)}}{P-U}+C(d)=\frac{\text{收入(技术,资本)}}{U}-C(U)$$

其中，$C(d)$是“外围”人口迁移到“中心”的各种地理性成本、关于迁移距离d的函数。

如果$C(d)$足够大，将使得只在沿海集聚发展不可能成为所有人口的唯一选择，因此在现实中难以完全实现。但这一区域发展思路中包含的核心思想，即经济集聚发展，是符合中国未来区域协调发展总体方向的，只是承载集聚发展的区域不可能只是沿海地区。

### （三）人口分层集聚的“中心—亚中心—外围”格局

人口和各种经济要素之间存在着通过流动来实现相互匹配的内在机制，这种机制影响着资源的空间配置，借助人口有序流动可以动态协调人口与经济的空间分布关系，使得以经济分布（而非地理空间）为基准的全国人口分布均衡度不断提高（尹虹潘等，2014）。集聚是实现充分发展（效率）的内在要求，集聚发展过程中人口与经济分布的自发匹配也在很大程度上助推人均意义上的发展水平差距缩小，是实现以人民为中心的平衡发展（公平）的有效路径。但应该对主要强调在东部沿海地区集聚的“中心—外围”格局进行必要的改进和完善，从而在宏观层面更好地满足国家战略的多维目标需要，在微观层面更好地尊重农业转移人口的多样化选择，找到一个有机联结宏观战略与微观诉求的区域协调发展空间载体。

从国家战略需要来看，改革开放初期东部率先开发开放，20世纪末21世纪初逐步形成的“西部开发、东北振兴、中部崛起、东部率先”区域发展总体战略，新时代对外“一带一路”倡议与对内区域协调发展战略的协同推进，国家在战略层面始终把东部沿海地区作为区域发展格局中的重要支撑，但同时也希望中西部的重点区域更好引领内陆开放和发展，所以除了沿海“中心”之外，在中西部内陆地区还应该有“亚中心”的存在，其中包括但不限于经济发展方面的意图，也有国家安全、国际政治经济关系等方面的战略考量。从人口区际流动选择来看，获取高收入是重要目标，所以东部沿海地区作为全国重要的经济“中心”集聚了大量的农业转移人口，但面对远距离迁移带来的有形与无形、经济与情感等较高的成本，也有很多农业转移人口并没有选择沿海地区。如果在内陆腹心地带有一个也能提供较高收入的“亚中心”，那么这对作为人口主要流出地的广大中西部地区而言，将可以更好地解决地理性迁移阻碍的问题，为人口区际流动提供新的选项。其原理可以用以下等式（不等式）来说明，“外围”人口有两个选择，选择去沿海“中心”、内陆“亚中心”的结果分别是：

$$\frac{\text{收入(资源约束)}}{P - U_1 - U_2} = \frac{\text{收入(技术,资本)}}{U_1} - C\left(U_1\right) - C\left(d_1\right)$$

$$\frac{\text{收入(资源约束)}}{P - U_1 - U_2} = \frac{\text{收入(技术,资本)}}{U_2} - C\left(U_2\right) - C\left(d_2\right)$$

其中，下标1、2分别代表对应变量与沿海“中心”、内陆“亚中心”相关。

即使收入（技术，资本）$/U_1 >$ 收入（技术，资本）$/U_2$，但如果 $C\left(U_1\right) > C(U_2)$、$C\left(d_1\right) \gg C\left(d_2\right)$，仍可能出现以下情况：

$$\frac{\text{收入(技术,资本)}}{U_1} - C\left(U_1\right) - C\left(d_1\right) < \frac{\text{收入(技术,资本)}}{U_2} - C(U_2) - C\left(d_2\right)$$

也就是，前面所说的由于各种地理性迁移成本过高而放弃去沿海“中心”的人口，完全有可能因为到内陆“亚中心”的地理性成本低得足够多而最终选择去“亚中心”。因为在中国的大国大空间纵深下，“外围”到内陆“亚中心”的距离，会比“外围”到沿海“中心”的距离足足节省半个中国的跨度，由此使得 $C(d_2)$ 可能真是远小于 $C(d_1)$ 的。在考虑了地理性迁移成本的情况下，即使人口流动完全不存在制度障碍，“大国经济”内部不同地区之间的人均收入并不一定会趋于完全相等，所能达到的区际发展收敛状态可能是：对任意两个收入不相等的地区，人口由相对低收入地区流向相对高收入地区，所获得的收入增量不足以弥补人口流动产生的地理性迁移成本。

也许“中心—外围”格局是一种更理想的“最优”结果，因为沿海地区（特别是三大城市群）是全国人口与经济集聚基础最好、经济发展效率最高的经济“中心”区域，但不应认为只能在沿海地区集聚。现实中存在各种“摩擦”因素约束，既有短期内沿海地区吸纳“容量”不够的问题，也有基于国家战略需要和人口流动选择并不适合只在沿海集聚的因素，人口与经济分层集聚的“中心—亚中心—外围”格局是在中国“大国经济”空间纵深与其他国情特点下一种更加现实的选择。尹虹潘（2012）较早提出了重庆、成都、武汉、西安4个中心城市和以它们为基础形成的城市群（都市圈）适宜作为内陆地区的经济中心，当然从全国层面来看这个内陆的经济中心应该是仅次于沿海经济“中心”的“亚中心”。经济发达如美国其总人口远少于中国，按照部分学者的观点来说可能美国也没有对要素配置和人口自由流动施加那么多的人为干预，但其人口也并没有全部都集聚在东北海岸和五大湖区，仍在另一侧的加州等地形成了集聚程度较高的城市群。那么中国在继续巩固提升沿海地区经济“中心”地位的基础上，从内陆腹心地带选择基础条件相对较好的区域形成集聚“亚中心”，进而构建起“中心—亚中心—外围”格局，也就并不是那么不可想象了。况且，其他国家难以比拟的“超大规模性”国情特点，本身也可能使中国拥有更多中心城市、都市圈和城市群（国务院发展研究中心课题组，2020）。

### 二、“亚中心”可能带来的效益改进

“亚中心”的“亚”字很清楚地表明了，这是以沿海地区已经成为全国的经济“中心”作为前提的，“中心”承载的是全国第一层级的经济集聚发展，主要由以东部三大城市群为代表的沿海发达地区来充当；而“亚中心”承载的是第二层级的经济集聚发展，基于现有研究的结论可以主要由重庆、四川、湖北、陕西4省市的主要中心城市及其引领的内陆重点城市群或都市圈（如成渝、武汉、关中等）来充当（尹虹潘，2012）。从功能上讲，“亚中心”不是要取代“中心”，而是与“中心”进行错位分工、优势互补，重点是要做那些“中心”不具备优势、做不到或做不好的事情。从集聚对象上讲，“亚中心”不是要去竞争那些已经集聚在“中心”的人口和产业，而是对那些原本就因为前面所说的各种因素放弃了沿海这个选项的人口进行第二轮的集聚，并发展与这些人口特征相适应的产

业形成经济集聚,从而支撑起“亚中心”去实现它应有的功能。

在没有“亚中心”的情况下,那些因为各种地理性迁移成本过高而放弃沿海“中心”这个选项的“外围”人口,可能只好滞留在“外围”的家乡。这会使得本就发展水平不高的“外围”滞留了偏多的人口,人均收入水平也将偏低,而且也使“外围”省份面临较大的生态环境和经济发展压力。假设在内陆腹心地带出现了一个经济集聚发展水平仅次于沿海“中心”的“亚中心”,可以分析由此产生的变化,以及给不同区域及人口带来的损益情况。

第一,内陆“亚中心”主要集聚那些已经放弃了沿海选项的“外围”农业转移人口,在基本不抵消沿海“中心”原有集聚的前提下,可以提高“亚中心”自身的经济集聚发展水平。因此,这对于沿海“中心”及其人口(含外部流入人口)是无损或微损的[①],对内陆“亚中心”自身及其人口而言必然会因为集聚水平提高而受益。

第二,“外围”农业转移人口到内陆“亚中心”就业虽不如留在家乡近,但迁移距离也并不会太远,毕竟“亚中心”与“外围”都处于中西部内陆地区,肯定比“外围”人口迁移到东部沿海“中心”所需承担的各种地理性迁移成本低得多。“亚中心”提供的收入水平虽不如“中心”,但高于这些人口留在“外围”家乡的收入水平。综合考虑收入提高与地理性成本之后,如果“外围”人口选择去“亚中心”将会成为受益者。

第三,“亚中心”的出现,使滞留在“外围”家乡的人口进一步减少了(部分人口流入“亚中心”了),“外围”省份的生态环境和经济发展压力减轻,并且可以凭借自身的资源让剩余人口的人均生活水平进一步提高。这使“外围”地区及其剩余人口都受益,既有助于国家的生态安全,也有助于缩小区际收入差距实现人均意义上更平衡的发展。

第四,“外围”地区人口减少之后依靠其自身资源就可以实现更好发展,这有助于减少国家为了使“外围”人口过上更好生活而给予的各种资源配置倾斜,那么因此带来的各种效率损失也将减小。整体效率损失减小对各个区域都有好处,包括沿海“中心”也可能会因此在全国资源配置中得到更多的建设

---

① 内陆“亚中心”的竞争力不如沿海“中心”,但不能完全排除少部分原来选择“中心”的群体在“亚中心”更近距离吸引下会改变选择,不过这种情况不会是主流,因此对沿海“中心”而言顶多是微损。

用地指标等。不能一味指责资源配置过多向欠发达地区倾斜是违背规律，如果不减少“外围”滞留的人口，这种倾斜就不可能减少。而有了内陆“亚中心”，比单独依靠沿海“中心”，更有利于减少“外围”人口。

第五，虽然“亚中心”发展效率不如“中心”，但它的出现比内陆地区完全分散发展的效率更高，“亚中心”与“中心”一起分层集聚发展，比单独只有“中心”集聚发展，对国家整体而言是集聚水平更高、更充分的发展。由此积累的更大财力，还可以更好帮助“外围”增强粮食、生态、国家安全等战略性保障功能。这些都有利于支撑国家战略的多维目标实现，因而内陆“亚中心”的出现也会使国家全局受益。

# 第二章 基础条件优越的区域

## 第一节 自然条件优越的区域

优越的自然条件是区域经济发展的基础,人们总会在给定的外部条件下为每项经济活动选择一个发生的地方,早期的人类活动往往会更多发生在自然条件相对优越的地方,特别是在缺少有效手段去减少恶劣自然环境负面影响的时候更是如此,但即便是拥有相应的手段,人们也仍然会优先选择自然条件优越的地方。因此,在现实的非均质初始空间下,自然条件较好的特定区域会更大概率形成早期的经济集聚,而集聚一旦形成,后续的区域经济发展演化大体上就是众多经济主体被自组织规律无形地牵引着去不断强化历史形成的区域发展格局,即产生一种区位"锁定"。当然,这里不是要强调"地理环境决定论",因为基于自然条件而逐渐形成的区位锁定效应并非绝对的(Holmes,1999;Ottaviano,1999),市场预期或外生冲击都可能打破历史路径依赖,但不可否认自然条件对人类经济活动的重要影响。然而,单纯的地理条件也不是本书关注的重点,所以这里仅通过一些标志性的地理元素,简单勾勒出全国各地区自然条件分布特点及其对全国区域发展格局的大致影响。

### 一、三级地理阶梯

中国西部的海拔高、东部的海拔低,全国地势总体呈现出三个级次的地理阶梯,图2-1给出了三级阶梯的简单示意。第一级阶梯即青藏高原,被称为"世界屋脊",也是中国长江、黄河等主要河流的发源地。昆仑山—祁连山—横断山脉一线是第一级阶梯和第二级阶梯的界线。第二级阶梯位于第一级阶梯以北和以东,主要包括准噶尔盆地—吐鲁番盆地、塔里木盆地、内蒙古高原、黄土高原、四川盆地、云贵高原等,其中四川盆地的海拔甚至比本阶梯其他区域更低。第二级阶梯与第三级阶梯大致以大兴安岭—太行山脉—巫山—雪峰山一线为界。第三级阶梯位于第二级阶梯以东，长江、黄河等都经过第三级阶梯汇入大海，大江大河携带的泥沙在此沉积下来，因此第三级阶梯的平原地形纵贯南北，主要包括东北平原、华北平原、长江中下游平原、东南丘陵等，并继续向海洋延伸形成近海的大陆架。

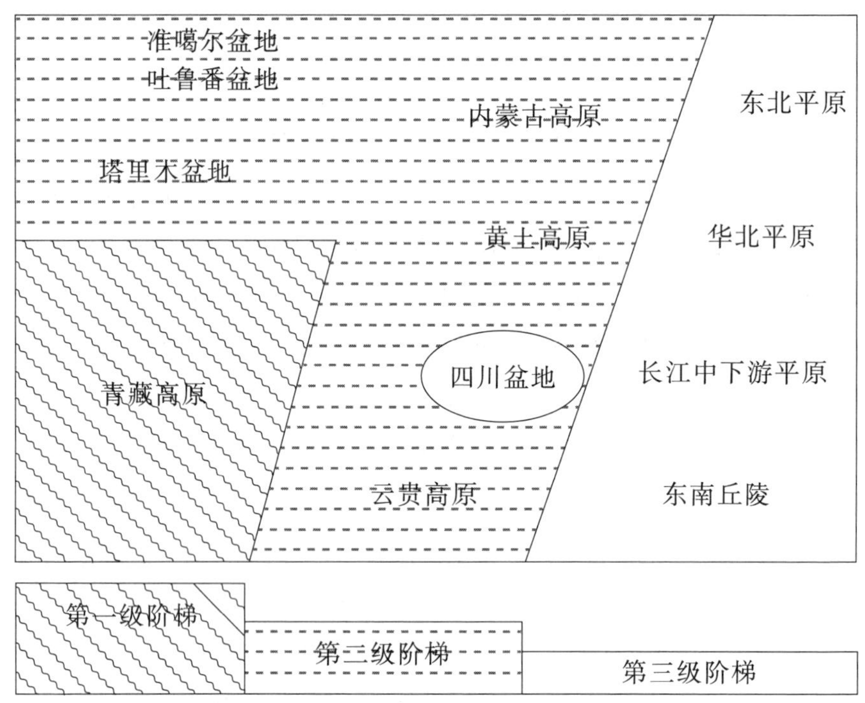

图2-1 中国自西向东的三级地理阶梯示意

(一)三级阶梯的海拔高度差异

中国第一级阶梯的平均海拔在4000米以上，第二级阶梯平均海拔1000~2000米，第三级阶梯大部分地区海拔在500米以下。一般认为，低于2000米的海拔是最适宜人类生活的，海拔过高的地区因气压降低使得大气中含氧量减少，会造成人的呼吸困难。所以从海拔的角度来看，全国的三级地理阶梯中，第一级阶梯的环境相对比较恶劣，而第二级阶梯和第三级阶梯更适宜人类生活，而适宜人类生活的区域才能成为更多经济活动开展的区域。

(二)三级阶梯的地形地貌差异

当地形地貌更加平坦时，人类的生产生活都会更便利，居住或各种产业发展的用地条件好，人口流动、货物运输等也都能从中受益，因此更容易形成人口与经济集聚。反之，地表起伏落差较大的地形地貌，就会给人们的生活造成困难，开展经济活动的成本也会较高，往往就不适宜承载较大规模的集聚发展。从三级阶梯的差异来看，第三阶梯大面积的平原以及海拔较低的丘陵都是适宜人类生活与经济活动开展的，在不考虑其他因素影响时第二阶梯的相关盆地也是较为适宜人类生产生活的，相关高原上的少量平坝区域次之（不是整个高原地区），很多山区的地形地貌条件是不好的。

### （三）三级阶梯的水资源差异

中国地势西高东低的特点，使得长江、黄河等众多河流的流向多是自西向东的，那么越靠近第一级阶梯就越可能是江河的上游，而越往第三级阶梯就越可能是江河下游。在大江大河的流动过程中，会有越来越多的支流不断汇入，在不发生干涸断流的情况下，通常是越往江河的下游水量越充沛。人们的生活、生产都必须依赖水，水运也是成本较低的大宗货物运输方式，所以往往早期经济集聚形成的区域（如早期的城市）都是靠近江河或沿海的，不仅中国如此，欧洲也一样（Bosker和Buringh，2017）。那么从江河或海洋之便来看第三阶梯是条件最好的，第二阶梯次之，第一阶梯条件最差。

但值得一提的是，黄河流域最早的人类聚居地并不是出现在黄河干流沿线，而是在部分支流沿线，不知道是不是早期的人类虽然生产生活离不开水，但又不具备安全有效利用大江大河的能力，为了防止反受水患就退而求其次选择了支流，如果出现水患则支流带来的损失更小。而在人类熟练掌握航海技术之前，海洋运输也没有成为非常重要的运输方式，早期的内河反而是更重要的。在著名的文明古国中，除了古希腊之外都是出现在大河流域而非沿海区域，但近几百年来的世界强国多是海洋国家，这反映了人类逐步认识自然、利用自然的动态演变长期过程，也许未来陆上交通和航空技术的不断发展还会带来新的变化。正因为如此，第一章中已经谈到，中国未来的经济发展既要充分利用海洋，但也不要完全受来自海洋文明的思维定式局限。

## 二、两条地理标志线

中国幅员辽阔，各种地理元素丰富多样，但要能体现全国层面的自然条件总体分布格局，通常被作为南北方分界线的秦岭—淮河线，以及体现全国人口分布差异的胡焕庸线应该是最适合的。简单的两条线并不能得出非常准确的结论，但并不妨碍我们借此进行基本判断。

### (一)秦岭—淮河线两侧的差异

《晏子春秋》中说："橘生淮南则为橘，生于淮北则为枳，叶徒相似，其实味不同。所以然者何？水土异也。""南橘北枳"的典故生动形象地描述了淮南与淮北的自然差异。在第一章中分析中国南北方经济发展差异的时候，就是以秦岭—淮河线为分界线来大致划分北方省份与南方省份的。这种划分不是单纯的地理方位南北，其背后隐含了中国南方与北方不同的自然条件。需要说明的是，这里虽然以秦岭—淮河线来称呼，但实际应该是一个模糊的过渡带，并非清晰准确的一条线，与此相关的气温、降雨等分界线也可能发生南北推移，不一定始终与秦岭或淮河在地理上完全重叠。

表 2-1　秦岭—淮河线作为南北方分界线的部分标志属性

| 秦岭—淮河线的标志属性 | | 北面特点 | 南面特点 |
|---|---|---|---|
| 气温分界线 | 积温 4500℃等值线 | 落叶阔叶林 | 常绿阔叶林 |
| | 1月气温为0℃的等温线 | 河流、湖泊可能封冻 | 河流、湖泊不封冻 |
| 降水分界线 | 降雨类型分界线 | 春旱—夏雨型 | 春雨—伏旱型 |
| | 年均降水量800毫米等值线 | 半湿润地区(或更干旱) | 湿润地区 |
| | 干燥度为1的等值线 | 可能蒸发量>降水量 | 可能蒸发量<降水量 |
| 土壤分界线 | 土壤类型差异 | 钙层土为主 | 淋余土为主 |
| 水文分界线 | 所属流域不同 | 大部属于黄河流域 | 大部属于长江流域 |
| 粮食分界线 | 种植的主要粮食作物差异 | 粮食以小麦为主 | 粮食以水稻为主 |

资料来源：整理自单之蔷(2009a)。

从表 2-1 整理的秦岭—淮河线南北差异来看，气温和降水因素对区域经济发展的影响应该是更基础的。总体来看，相对温暖(但并不酷热)的气温环境、充沛的降水都有利于农耕活动的发展。唐后期以来中国南方经济得到进一步开发，10万户左右的州郡在南方开始多起来，北宋元丰时南方的户数与垦田数都多出北方一倍多(吴慧，2010)。在农耕文明时代，有利于农业发展的自然条件便有可能吸引更多的人口，这未必是决定性因素，但至少是重要影响因素。人口的增多意味着市场规模的扩大，又会促进城市手工业、商业的更大发展，由此全国经济重心逐渐向南方转移。即使现代经济的发展中农业已经只占很小的比例，但温润的气候对人类生活来说始终是更舒适的，河流在冬季不封冻为大宗货物运输带来了便利，一年中可开展各类室外经济活动(如建筑工程等)的时间也更长，这些因素都可能长期持续影响着人们对经济活动区位的选择，进而影响到区域发展格局的演化。

### (二)胡焕庸线两侧的差异

胡焕庸(1935)发现了中国人口分布疏密的突变线，即“自黑龙江之瑷珲，向西南作一直线，至云南之腾冲为止”，“惟人口之分布，则东南部计四万四千万，约占总人口之百分之九十六，西北部之人口，仅一千八百万，约占全国总人口之百分之四”，这条线被后来的人们以胡焕庸先生的名字命名。虽然现在中国的总人口已经数倍于1935年，但从2000年全国第五次人口普查、2010年全国第六次人口普查的结果来看，胡焕庸线两侧的人口分布比例仍然没有多大的变化，尹虹潘等(2014)对全国人口分布的空间模拟也印证了这一格局。以秦岭—淮河线来划分的南方更大部分区域是位于胡焕庸线的东南面，而北方更大部分区域位于胡焕庸线的西北面，所以从下页中表2-2可以看出，前述南北方的自然条件差异也大多反映在了胡焕庸线的两侧，再加上人类躲避自然灾害(如强地震等)的天性，都使得胡焕庸线的东南面更适宜人类生活与经济活动的开展。

如前所述，这种自然条件的优越虽然并不一定是人口与经济分布演化的决定性因素，但必然是有重要影响的。事实上，在中国古代人口南迁、经济重心南移的过程中，还源于历史上的一些外部冲击，比如西晋的“永嘉丧乱”、唐朝的“安史之乱”、北宋的“靖康之变”等。不过在遇到冲击时为什么选择迁移到南方，并且迁移到南方之后能继续较好地生活下去，也表明南方的自然条件是较好的。此外，在胡焕庸线对应人口分布格局形成的过程中，也有明清时期

“湖广填四川”、“闯关东”、“走西口”等一些大规模移民，移民迁入地的自然条件应该是适合人类生活与经济活动开展的。

表2-2 胡焕庸线作为人口分布突变线的部分标志属性

| 胡焕庸线的标志属性 | 西北面特点 | 东南面特点 |
|---|---|---|
| 季风区与非季风区分界线 | 非季风区，年均降水量<400毫米 | 东部季风区，年均降水量>400毫米 |
| 自然灾害疏密分界线 | 历史强地震震中密集区域 | 历史强地震震中稀疏区域 |
| 农牧交错带 | 牧区为主 | 农区为主 |
| 人口密度分界线 | 人口约占全国6% | 人口约占全国94% |
| 植被 | 荒漠、高寒植被<br>（植被覆盖总体较差） | 阔叶林、针叶林、雨林、草原等植被 |

资料来源：整理自单之蔷（2009b）。

## 三、各区域自然条件综合评价

如果说中国自西向东的三大地理阶梯以及南北方分界的秦岭—淮河线还单纯是带来了自然特征差异的话，那么胡焕庸线则是一条基于自然条件的人类经济活动分界标志线，是在漫长的历史演化进程中人口“用脚投票”的结果。人们做出的这种选择，既有自然条件本身潜移默化的长期影响，也有重大外部冲击的突发影响，但即使在外部冲击之下人们仍会在可选的不同区域当中选择自然条件相对适宜的区域，否则这种人口与经济分布的区域格局就不可能会长期得以维持。将三级地理阶梯带来的自然条件差异和两条地理标志线带来的自然条件差异叠加在一起，大致可以按七个方面对全国（不含港澳台地区）不同地区进行3分制打分，每方面条件好的3分、条件中等的2分、条件差的1分。

表2-3 全国（不含港澳台地区）各主要区域自然条件适宜性评价

| 区域 | 海拔 | 地貌 | 用水 | 水运 | 气温 | 湿度 | 植被 | 综合 |
|---|---|---|---|---|---|---|---|---|
| 东北平原 | 3 | 3 | 1 | 3 | 2 | 3 | 3 | 18 |
| 华北平原（东） | 3 | 3 | 2 | 3 | 2 | 3 | 3 | 19 |
| 华北平原（中） | 3 | 3 | 2 | 2 | 2 | 3 | 3 | 18 |
| 长江中下游平原（东） | 3 | 3 | 3 | 3 | 3 | 3 | 3 | 21 |

续表

| 区域 | 海拔 | 地貌 | 用水 | 水运 | 气温 | 湿度 | 植被 | 综合 |
|---|---|---|---|---|---|---|---|---|
| 长江中下游平原(中) | 3 | 3 | 3 | 2 | 3 | 3 | 3 | 20 |
| 东南丘陵 | 3 | 2 | 2 | 3 | 3 | 3 | 3 | 19 |
| 内蒙古高原 | 2 | 1 | 1 | 1 | 2 | 2 | 3 | 12 |
| 黄土高原 | 2 | 1 | 2 | 1 | 2 | 3 | 3 | 14 |
| 四川盆地 | 3 | 2 | 3 | 2 | 3 | 3 | 3 | 19 |
| 云贵高原 | 2 | 1 | 1 | 2 | 3 | 3 | 3 | 15 |
| 准噶尔盆地—吐鲁番盆地 | 2 | 2 | 1 | 1 | 2 | 2 | 1 | 11 |
| 塔里木盆地 | 2 | 2 | 1 | 1 | 2 | 2 | 1 | 11 |
| 青藏高原 | 1 | 1 | 1 | 1 | 1 | 1 | 2 | 8 |

注:华北平原、长江中下游平原等区域标注的(东)和(中),分别表示其中位于东部地区的部分和位于中部地区的部分。

具体打分方法为:海拔适宜性方面,海拔较低的地区得分高,第三级阶梯和四川盆地可得3分,第二级阶梯其他区域2分,第一级阶梯(青藏高原)1分。地貌适宜性方面,地貌越平坦得分越高,平原地区3分,盆地和丘陵地区2分,高原地区1分。用水适宜性方面,可用水资源越丰富得分越高,长江干流穿行地区(不含从边缘流经的地区)3分,黄河/珠江干流穿行地区2分,其他地区(含青藏高原)1分。水运适宜性方面,沿海地区得3分,长江干流流经地区得2分,其他地区1分。气温适宜性方面,南方地区(不含青藏高原)得3分,北方地区2分,青藏高原1分。湿度适宜性方面,季风区得3分,西北干旱半干旱地区2分,青藏高原1分。植被适宜性方面,植被覆盖越好得分越高,阔叶林、针叶林、雨林、草原等植被得3分,高寒植被2分,荒漠1分。

如果对以上七个方面的权重进行平均赋值,可以简单加总得到各个地区自然条件的综合得分(见表2-3)。这个评价并不精准,但总体上没有偏离现实情况,基本可以反映出全国(不含港澳台地区)各区域的自然条件对人类生活及经济活动开展的适宜程度。根据表2-3的综合评价得分排序可以画出图2-2,其中没有标注出不适宜人口与经济集聚区域的评分排序。

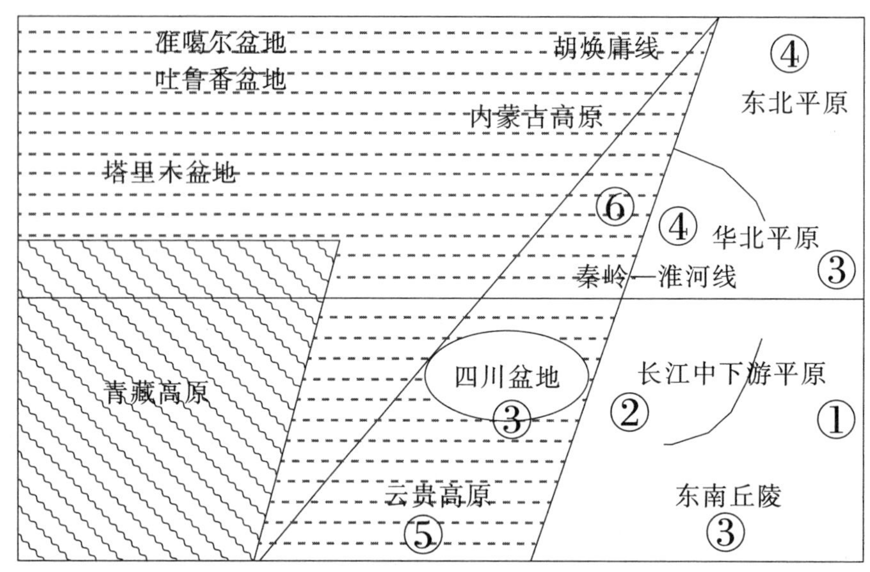


**图2-2　中国各区域人口与经济集聚的自然条件优劣排序示意**

需要特别说明的是,以上完全是根据现在的自然条件以及现有科学技术条件下的经济发展需要来进行评价的,而在漫长的历史中各地自然条件经历过诸多变迁,不同历史时期的经济发展遵循着不同发展阶段的内在规律,科学技术水平的不断进步也使得经济发展对自然条件的要求并非一成不变。因此,对现在而言适宜发展的自然条件不一定是自古如此的,在长远的未来也仍可能发生变化,这里的评价仅针对当下以及可预见的未来。

这种历史的演化除了前面已经谈到的全国经济重心由北向南转移之外,也表现在一些局部的区域内。比如,目前广东最发达的区域是珠三角,粤东、粤西次之,粤北山区相对发展水平较低。但在历史上最早得到发展的恰恰是粤北山区,因为岭南潮湿炎热,长期被看作“瘴疠之地”,粤北山区由于地势较高、气候干爽得到北方移民的青睐而成为人口集聚的区域。直到宋以后围垦、基塘等新的农业技术出现后,珠三角成为高产沃土才逐渐开始崛起。清以后广州曾长期作为全国唯一的对外通商口岸,珠三角凭借对外贸易优势和开垦沿海沙田成为经济越来越发达的区域,粤北山区反而逐渐走向衰落。再比如,长三角的上海历史是很悠久的,但取得较大发展、对全国经济具有重要影响,仍主要是近几百年的事。这再次证明了应该用发展变化的眼光看待不同区域的发展，当下和未来可预见的较长时期内既要充分发挥沿海地区的优势，但也不能完全局限于只有沿海地区可以承载人口与经济集聚的思维定式。总体来看，当前沿海“中心”的三大城市群分别位于华北平原（东）、长江中下游平原（东）、东南丘陵，具有较好的综合自然条件支撑经济发展；同时内陆地区也有自然条件相对较好的区域，如长江中下游平原（中）、四川盆地等，可以较好满足“亚中心”经济集聚发展需要。

### （一）自然条件优越适宜人口与经济集聚的区域

自然条件总体最优越的区域包括长江中下游平原、华北平原、东南丘陵、四川盆地、东北平原。其中，长江中下游平原的各方面自然条件是最优越的，在以上七个方面的得分中均得到最高分，基本没有特别突出的自然条件局限。华北平原在可利用水资源方面存在一定局限，气温的适宜性方面也不如南方各区域温暖。东南丘陵在地形地貌条件方面、用水条件方面略逊于长江中下游平原。四川盆地在水运方面有长江黄金水道之便，但不如前三个区域沿海的水运条件；在地形地貌方面总体比较平坦，但略逊于平原区域。东北平原有良好的用地条件和沿海港口之便，但可利用的水资源不如大江大河干流穿行地区，气温的适宜性方面也不如南方各区域。

### （二）自然条件相对适宜人口与经济集聚的区域

自然条件总体上相对适宜的区域包括云贵高原、黄土高原（主要是关中平原，下同）。其中，云贵高原在地形地貌方面存在一定劣势，局部区域可支撑形成大中城市，但开发条件较好的大规模连片区域缺乏；长江干流从边缘流经但并未穿行于整个高原，故可利用水资源方面并没有太大优势。黄土高原在地貌特征和水运条件等方面存在劣势，但其中的关中平原在用地和用水条件方面相对较好。但除少数方面的不足之外，云贵高原和黄土高原的其他各方面自然条件基本都处于中上水平，但总体来看比不上第一梯队的各个区域。

### （三）自然条件不适宜大规模人口与经济集聚的区域

内蒙古高原、准噶尔盆地、吐鲁番盆地、塔里木盆地、青藏高原等地区的自然条件不太适宜特别大规模的人口与经济集聚发展，与以上两类区域相比在多个方面存在明显的劣势，并且没有特别突出的优势条件。青藏高原各个方面的自然条件都较差,是自然条件综合评分最低的区域。准噶尔盆地、吐鲁番盆地、塔里木盆地在可利用水资源、水运和植被等方面有明显劣势,特别是荒漠条件很不适宜人类生活和经济活动开展,其他各方面的条件也并不优越。与本梯队的前几个区域相比,内蒙古高原也存在类似的一些局限,以草原为主的植被比前几个区域相对更适合人类生活,但也不适宜大规模集聚发展。

## 第二节　经济区位优越的区域

除了自然条件之外,经济区位也影响到区域经济的发展。在适宜经济发展的区位上,以企业和人口等为代表的微观经济主体容易形成集聚,而经济集聚发展带来的额外收益(通常源于集聚经济下的各种正外部性)又会进一步巩固集聚发展的基础,于是形成正向的累积循环演化路径。除非遇到足够大的负向外部冲击,或该区位上的集聚规模已经达到不经济的区间,否则这样的集聚发展都会持续进行下去。本节中,将首先从基本原理的层面探讨不同情形下一国的哪些经济区位可能是相对更优越的,然后再结合中国的现实情况,指出中国经济区位优越的区域可能在哪里。

### 一、封闭经济下的优越经济区位

如果一国不与外界发生经济往来时,企业只需要抢占并满足一国内部市场。那么在初始的均质空间下(自然地理条件均质、人口在空间上均匀分布),除严重依赖特定资源的产业之外,早期的经济集聚较大概率会出现在整个国家的地理中心区位。因为选址在地理中心区位更有利于使企业有效辐射更大的市场面积、更多的人口,当大多数的企业都意识到这一点后,地理中心区位会成为多数企业的共同选择,人口也会随着企业的集聚而在此集聚。由此,全国的地理中心区位最有可能成为封闭经济下的最优经济区位(或至少是最优的区位之一),但在大国或小国中又会存在一定的差异。

#### (一)小国封闭经济

在一个小国中,当地理中心区位的经济集聚达到一定规模时,其市场影响力已经可以覆盖到整个国家,甚至经济集聚程度较高时已经有能力影响到周边国家的市场(但在封闭经济下对外经济往来会受到国界的抑制)。地理中心区位的集聚程度越高、国家的规模越小,则该区位上的集聚越可能覆盖到全国的市场。

(a)地理中心经济集聚程度较低时　　(b)地理中心经济集聚程度较高时

**图2-3　小国封闭经济地理中心区位的经济集聚与市场覆盖范围**

假定某小国的国土空间规模一定,以图2-3中的水平线长度体现,并满足初始均质空间条件,那么其地理中心区位的集聚发展可能是这样一个过程:

首先有数量很少的企业意识到地理中心区位是最有利于联系全国各个地方的区位,于是就将企业选址于此,经济集聚程度以图2-3中位于水平线中心的三角形的高来体现。在发展初期,由于企业数量不多,经济集聚程度相对较低,受产品生产成本、运输成本等限制,企业尚不能完全占领整个国家的市场。[①]企业占领的市场范围以图2-3中虚线在水平方向覆盖的区间体现,虚线在垂直方向的高低代表集聚区位带来的经济吸引力强度大小(尹虹潘,2005;尹虹潘,2006),与所在区位的产品最终销售价呈反向变化关系。

随着更多企业发现地理中心区位对联系全国各地很有利,该区位上集聚的企业数量开始有所增加。而此后,不同企业都发现集聚在一起的企业彼此之间具有正外部性,比如有助于降低各自的单位产品生产成本。企业可以用单位生产成本降低的部分,去补偿运输距离增大带来的运输成本增加,从而把产品销售到更远的地方。[②]于是企业占领的市场范围(规模)得到拓展,由此可以适度扩大生产规模,生产规模扩大后因为规模收益递增也会降低单位产品的生产成本,甚至降低单位产品的运输成本。

此时,更多的企业发现除了地理中心区位本身所具有的联系全国各地的便利之外,众多企业集聚在这里还可以通过集聚经济带来额外的好处,于是越

① 地理中心生产的产品销往国内各个区域,其最终售价无非由单位产品的生产成本、运输成本和企业利润加总而得。在既有的单位产品生产成本下,距离较远的区域购买地理中心生产的产品,可能会因为运输成本较大导致最终售价较高,不划算。

② 假定企业从单位产品获得的利润不变,地理中心的企业单位生产成本降低后,可以在不提高最终售价的情况下把产品运输并销售到距离更远的区域,从而占领更大的市场范围。

来越多的企业都选址在此,使地理中心区位集聚的企业越来越多。而集聚程度的提高,又进一步触发集聚的正外部性和规模收益递增。如此循环,最终使得地理中心区位的经济集聚程度达到较高水平,集聚于此的企业占领的市场范围也拓展到整个国家。

这里所谓的小国,其中暗含的假设是,当地理中心的企业在生产规模能够完全满足整个国家的需求时,该区位上众多企业的集聚不会进入到集聚不经济的区间。或者也可以理解为,小国的市场规模自然也相对较小,尚不足以引起集聚不经济。并且,小国的国土空间也足够小,使得运输成本在商品最终销售价中所占的比例不至于太大(哪怕是距离地理中心最远的边缘区位),于是当地理中心的经济集聚程度足够高之后,可以把产品的最终销售价降得足够低,不会给其他任何的区位留下可以新形成经济集聚的机会。

在小国封闭经济中,全国地理中心区位通常就是最优越的经济区位,甚至可能成为全国唯一的经济大规模集聚区位。原因就是前面已经提到的,地理中心区位是最有利于联系整个国家各地市场的区位,图2-4可以体现出这一点。如果把图2-3当作一个剖面图的话,图2-4则是俯视角度的平面图,其中以实线小圆代表经济集聚区位,实线方框区域代表一国国土空间,虚线大圆区域代表集聚区位上企业的理论市场范围(以实线小圆为圆心),而实线方框与虚线大圆的交叠区域则是企业的实际市场范围。当两个集聚区位的经济集聚程度相同时,基本可以认为处于两个集聚区位上的企业覆盖的市场范围半径在理论上是相同的。但影响市场范围的因素除了经济集聚水平之外,还有国界的限制。当集聚区位恰好是全国地理中心区位时,集聚区位上企业的实际市场范围受国界的限制是相对更小的,如图2-4(a)。反之,集聚区位越偏离全国地理中心(即越靠近国界),则集聚区位上企业的实际市场范围受国界的限制相对就更大,而且当集聚水平越高时受到的限制越大,如图2-4(b)。

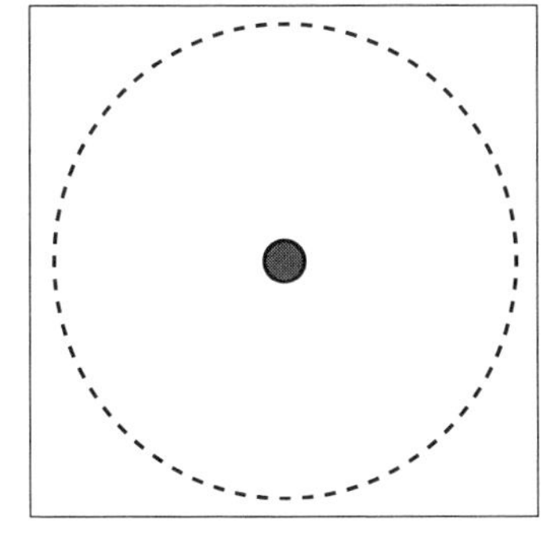

(a)经济集聚发生在地理中心区位时

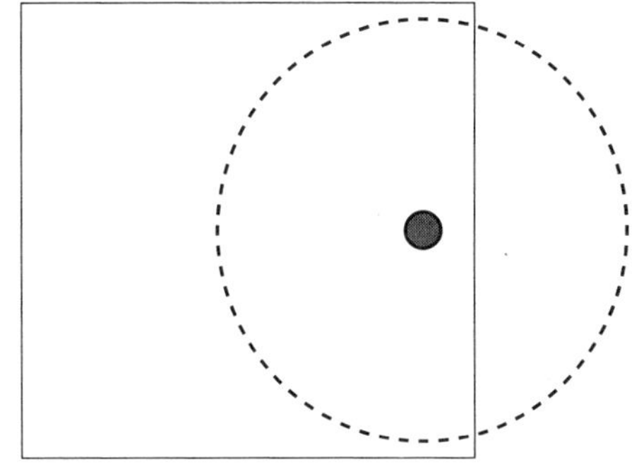

(b)经济集聚发生在其他区位时

图2-4　小国封闭经济中经济集聚区位差异与市场覆盖范围

### (二)大国封闭经济

由于全国地理中心区位非常有利于联系国内各地的市场,所以在大国封闭经济中早期的经济集聚仍然很大概率会发生在地理中心区位。但大国与小国的不同之处在于,大国的市场总需求足够大,大到足以使任意一个区位上集聚的企业尚不能完全满足全国市场需求时就已经进入到集聚不经济的区间;大国的国土空间也足够大,大到足以使单个集聚区位上的企业把集聚经济带来的好处全部用尽时(即达到集聚经济上限),仍不能为较远距离的市场提供出让该区域觉得划算的产品最终销售价格。简而言之,在大国封闭经济下,单个集聚区位上的企业所能占领的最大市场范围,仍小于、甚至可能远小于全国国土空间。这意味着即使全国地理中心有如此便利的条件,形成非常大规模的经济集聚,但仍留下了足够大的剩余市场使得其他某个(些)区位可以形成新的经济集聚,去占领剩下的市场空间(见图2-5)。甚至,如果整个国家的国土空间和市场(人口)规模足够大,则其他区位上新形成的经济集聚规模也未必小于地理中心区位业已形成的集聚规模。

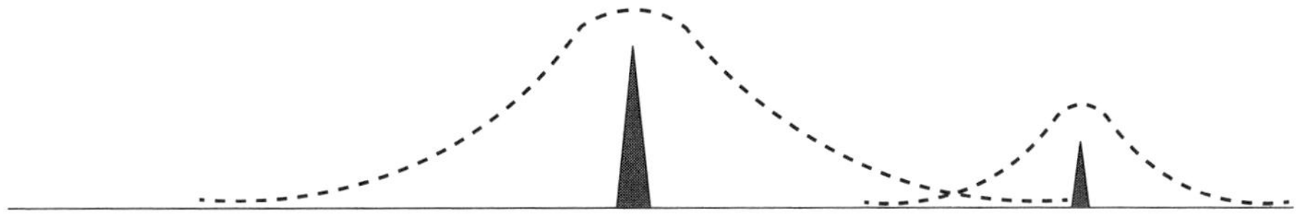

图2-5　大国封闭经济下的新集聚区位

按照不同集聚区位上的集聚规模差异，大致有两者相等、大小不等两种情况。如果只选择地理中心区位及另外任意一个新的集聚区位（可能另外有多个）来看两者的关系，则该两个区位经济集聚规模相等时，将呈现出一个双集聚中心对称的区域发展特点，根据两个集聚中心的距离远近不同，又包含了两者的市场腹地范围交叠与不交叠两种略有差异的格局。而经济集聚规模大小不等时，根据该两个区位的空间距离由小到大可能有三种不同的可能：两个区位非常邻近时，小集聚中心的市场腹地可能处于大集聚中心的市场腹地全包围之中而受到限制；两个区位距离较远时，两个集聚中心各自的市场腹地互不交叠，此次之间没有竞争关系；两个区位介于上述两种情况之间时，可能出现小集聚中心的市场腹地处于大集聚中心市场腹地的半包围之中。而不管是半包围还是全包围，都意味着小集聚中心的发展会受到大集聚中心不同程度的“屏蔽效应”影响。

以上双集聚中心对称的全国区域经济发展格局可以用图2-6大致体现，而非对称的发展格局可以用图2-7来体现。其中实线方框代表国界，实线小圆代表经济集聚区位，虚线大圆代表集聚中心理论上的市场腹地边界（以集聚中心为圆心，如无其他影响时这就是市场腹地的实际边界），点线代表集聚中心受到其他因素影响（比如面临其他集聚中心的竞争）时其市场腹地范围的实际边界。

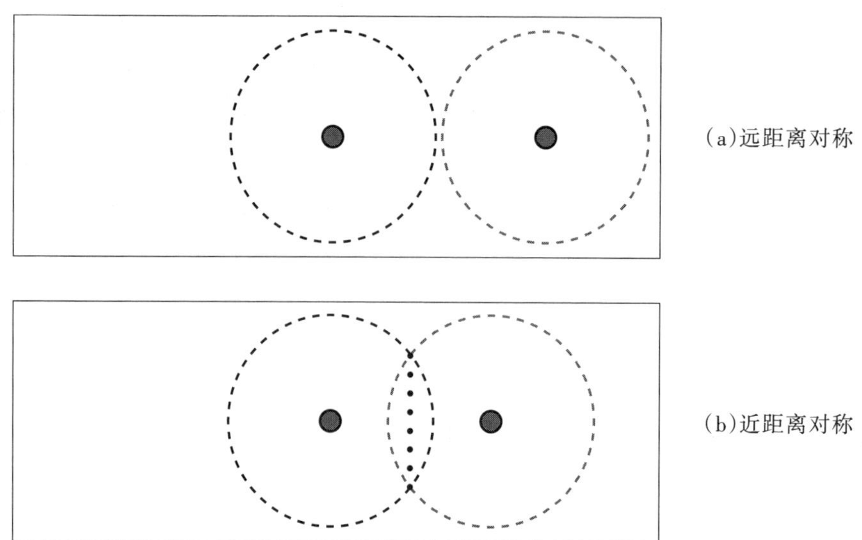


**图2-6　大国封闭经济下的集聚区位（集聚规模相等）**

尹虹潘(2005;2006)基于“城市经济吸引区”的概念(其理论含义与“经济集聚中心的市场腹地”相同),对其中的相关原理进行了经验性演绎与理论建模分析,并在平面坐标系上给出了多集聚中心市场腹地理论范围出现交叠时的实际市场边界线方程。当两个经济集聚中心的集聚规模相等时,如果两者理论上的市场腹地范围出现了交叠,则考虑彼此的竞争后,实际市场边界应为两经济集聚中心连线的中垂线,见图2-6(b)中的点线。

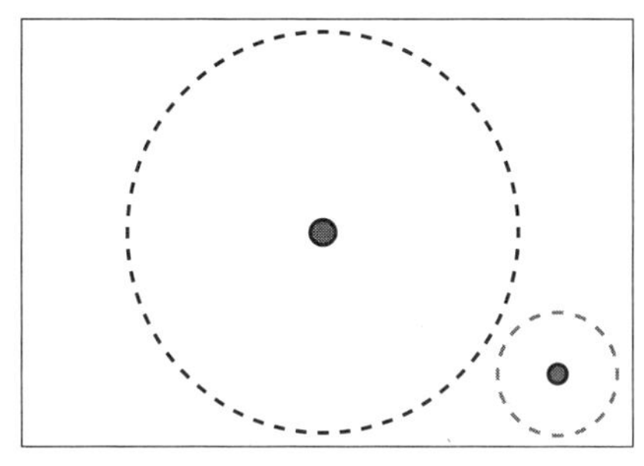

(a)远距离非对称

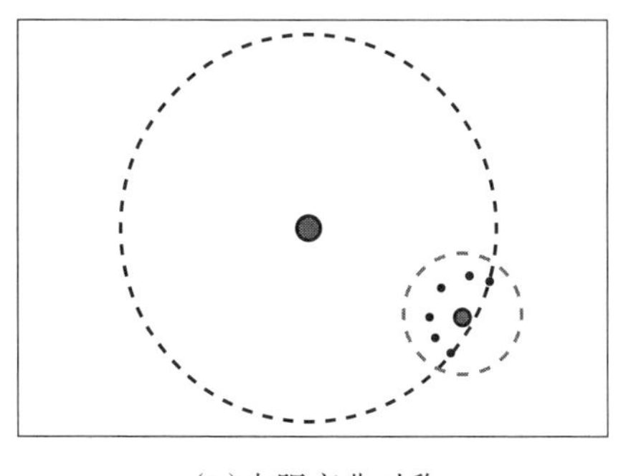

(b)中距离非对称

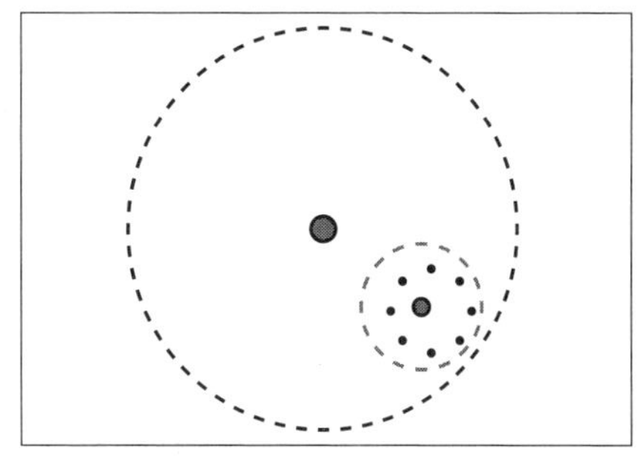

(c)近距离非对称

**图2-7　大国封闭经济下的集聚区位(集聚规模不相等)**

当两个经济集聚中心的集聚规模不相等时,在近距离情形下,小集聚中心的理论市场范围处于大集聚中心市场范围的全包围之中,考虑两者竞争的因素后,小集聚中心的实际市场边界仍是一个圆,但这个圆的半径小于其理论市场边界圆的半径,圆心则位于大集聚中心与小集聚中心连线的延伸线上(背离大集聚中心一侧),见图2-7(c)中的点线圆。小集聚中心市场腹地范围受到大集聚中心抑制而“缩水”,并且在靠近大集聚中心一侧“缩水”的幅度更大,尹虹潘(2005;2006)借用物理学中的概念将这种空间经济竞争现象称为大集聚中心对小集聚中心形成了“屏蔽效应”。相比近距离下的全包围,中距离下可能是小集聚中心的理论市场范围处于大集聚中心市场范围的半包围中，其中在大集聚中心市场范围内的区域(即靠近大集聚中心的一侧)，小集聚中心的实际市场腹地范围仍受到“屏蔽效应”抑制而“缩水”，而在大集聚中心市场腹地边界以外的区域(即背离大集聚中心的一侧)不会受到影响，见图2-7(b)中的点线市场边界。

综上可知，在大国封闭经济中，全国的地理中心区位仍然是非常优越的经济区位，但与小国封闭经济不同的是地理中心区位不再是唯一的经济集聚区位，而在地理中心之外还可能出现新的集聚区位。新集聚区位上形成的经济集聚规模可能会小于地理中心区位，不过如果全国的国土空间和市场(人口)规模足够大也仍有可能形成与地理中心区位规模相当的新的经济集聚。通常新的集聚出现得越早(即在地理中心的集聚水平还不高时出现)、新的集聚区位离地理中心越远(但又没有受到边界对市场腹地的限制)，则越可能形成更大的集聚规模，因为这两种情形之下留给新集聚中心的剩余市场范围更大、并且受地理中心原有集聚中心“屏蔽效应”的抑制更小。总体来看，全国地理中心始终是最优的经济区位之一，除此之外还会有不优于(更大可能是劣于)地理中心的其他较好经济区位适宜经济集聚发展。

## 二、开放经济下的优越经济区位

### (一)小国开放经济

如果一个小国的经济是对外开放的，企业需要同时抢占并满足一国内部市场和国外市场。一般而言，全国地理中心区位更有利于抢占国内的市场，而沿边(包括陆上或沿海边界)区位更有利于抢占国外的市场，这是由该两种区位的地理位置决定的。给定经济集聚中心的集聚规模使其市场腹地范围的理论半径不超过国界，如果集聚区位出现在地理中心将可以实际覆盖整个市场腹地，而沿边区位实际覆盖的市场腹地范围必然会因为国界限制而损失掉相当大的一部分，这从图2-4中的对比已经可以看出。那么在初始的均质空间条件下，除严重依赖特定资源的产业之外，企业会基于对初始国内市场需求和国外市场需求的比较来选择早期的经济集聚区位，而初始集聚出现后是否会长期保持不变，将受到一系列因素的影响。

1.非对称的经济开放

所谓非对称的经济开放，指的是一国的国外市场并不是在该国东面与西面、南面与北面等对称分布的，而是主要侧重于其中某个(些)方向。而对称的经济开放则是指一国的国外市场在该国的各个方向上总体是比较均衡的。

在小国中，如果初始时国内市场远比国外市场更重要，那么早期的经济集聚仍会较大概率出现在全国的地理中心区位。此后，若国内市场的重要性一直占据绝对主导地位，那么地理中心的经济集聚水平将越来越高。当地理中心区位的市场辐射半径完全覆盖到整个国家(包括沿边区位)后，即使国外市场的重要性变得高于国内市场，也难以再撼动地理中心区位的集聚优势。因为此时地理中心的集聚规模已经足够大，使得该区位的产品生产成本加上运输成本后仍低于沿边区位的生产成本，由地理中心充当国际贸易中心是优于沿边区位的。这种情况下，地理中心区位是小国开放经济条件下最优越的经济区位。

反之，若初始时国际市场的重要性就是高于国内市场的，那么早期的经济集聚就更可能直接出现在靠近主要国外市场的沿边区位。随着不断发展，该沿边区位的经济集聚规模不断增大，最终也将会实现对国内市场的全部覆盖。原因是外向型经济促进沿边区位的经济集聚达到足够高的水平，将产品生产成本降得足够低，使其将产品销往国内距离最远的区域时加上运输成本后的销售价仍低于其他任何区位提供的产品销售价，毕竟小国的运输成本是相对有限的。此时，最靠近主要国外市场的沿边区位是小国开放经济的最优越经济区位。

动态看，如果初始时仍是国内市场比国外市场重要，早期的经济集聚也出现在地理中心区位，但在地理中心区位的集聚水平尚不够高时，国外市场的重要性已经大幅提高，则也可能在靠近主要国外市场的沿边区位形成以外向型经济为主导的新集聚中心，其集聚规模大小主要取决于国外市场的大小，而与国家自身规模及国内市场关系不大。这种情况下全国可能有两个适宜经济集聚发展的区位，即地理中心区位和沿边区位，这两个区位中哪一个更适宜经济集聚主要取决于国内市场和国外市场的对比。如果外向型经济引致的沿边区位集聚规模足够大时(国外市场远大于国内市场)，沿边集聚中心最终也可能使地理中心的集聚逐渐“萎缩”并取而代之，此时最优越的经济区位就是靠近主要国外市场的沿边区位。

2.对称的经济开放

当小国的国外市场相对均衡地分布于该国周边各个方向时，国外市场从空间上说无非就是国内市场由内而外的“圈层式”延伸和规模拓展，相比国内市场只是距离更远，但由于是对称的，就不会改变国内不同区位的相对优越性。对于小国而言，如果初始时国内市场的重要性大于国外市场，早期的经济集聚将出现在地理中心区位。随着经济集聚规模逐渐增大，可以使该区位的产品生产成本加上运输成本后仍小于沿边区位的产品生产成本，地理中心区位将维持全国集聚中心的地位，因此是最适宜经济聚集的区位。

如果初始时国外市场就比国内市场更重要，因为国外市场在该国周边均衡分布，那么早期的集聚即使可能会发生在沿边，也必然是同时发生在沿边一周的多个区位，这就必然会制约单个区位上的集聚规模。于是可能出现的结果是，虽然把国外市场当作一个整体时的重要性是高于国内市场的，但沿边的单处经济集聚规模仍是非常小的、小于整个国内市场能够支撑的集聚规模，那么任意一处沿边集聚区位都难以将成本降到足够低的程度，难以在距离较远的国内其他地区形成产品价格优势。而在地理中心区位则可能通过集聚规模的不断扩大，最终占领整个国内市场，此时沿边的任意一处集聚区位都无法提供更低的产品销售价格来与地理中心区位竞争，从而使地理中心区位生产的产品在国外市场上也比沿边区位更有优势，那么地理中心区位将可能最终同时占领国内和国外两个市场，成为全国最适宜的集聚区位。

**（二）大国开放经济**

“大国经济+开放经济”条件下，企业也需要同时兼顾国内市场和国外市场。但与小国不同的是，在大国的大空间纵深下，即使地理中心区位的经济集聚规模达到集聚经济的最大限度（再增大集聚规模就会导致不经济），也不可能将其市场腹地边界拓展到沿边区位，即不可能竞争得过沿边区位自己的生产成本，因此也就不可能取代沿边区位而成为对外贸易的中心。与此相对应，即使沿边区位的经济集聚规模达到集聚经济所允许的最大限度，也不可能将其在国内的市场腹地边界拓展到整个国家。

1.非对称的经济开放

根据以上分析可以知道，在大国的非对称经济开放条件下，地理中心(或其邻近的)区位和靠近主要国外市场一侧的沿边区位都可能成为适宜经济集聚发展的区位。具体而言，如果初始时国内市场比国外市场更重要，那么地理中心区位更可能成为最早的经济集聚区位，并且也将成为全国经济集聚规模最大(或最大之一)的区位；靠近主要国外市场一侧的沿边区位也可能在国际和国内两个市场的共同支撑下形成集聚，但由于地理中心区位率先实现了集聚发展并占领了较大的市场腹地，沿边区位集聚发展水平提高后通常仍不会撼动地理中心区位在全国的区域经济地位，毕竟“大国经济”国内市场的重要性不可小视，见图2-8(a)。

而如果初始时国外市场比国内市场更重要，那么靠近主要国外市场的沿边区位将可能成为最早形成、规模最大(或最大之一)的经济集聚区位；后形成的内陆经济集聚区位也可能就不再是地理中心区位了，而是在偏离地理中心(远离沿边集聚区位一侧)的某个邻近区位。因为沿边更早形成了较大规模的经济集聚，借助先发的集聚也必然同时就占领了更大的国内市场，在这个既有的条件下，内陆新形成的集聚区位，只能选择一个最便捷联系剩余市场腹地范围内各区域的地方。在这种情况下，若内陆经济集聚出现得越早，则该集聚区位越靠近地理中心区位，原因是此时沿边集聚规模还不大、占领的国内市场也不大，那么留给内陆集聚区位的剩余市场腹地范围也就越大(更接近整个国家的国内市场)；反之，若内陆经济集聚出现得越晚，则该集聚区位可能偏离地理中心区位越多，见图2-8(b)。

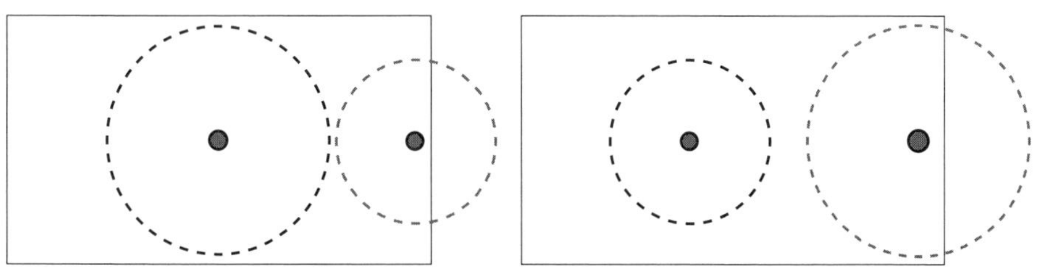

(a)地理中心先形成集聚　　(b)靠近主要国外市场的沿边先形成集聚

**图2-8　大国开放经济中经济集聚的适宜区位(非对称的经济开放)**

2.对称的经济开放

在对称的经济开放条件下，如果初始时国内市场更重要，则地理中心区位将成为最早的、全国经济集聚规模最大(或最大之一)的经济集聚区位；不同方向的沿边区位也可能形成新的经济集聚，但地理中心区位比沿边区位更能得到“大国经济”国内市场的支持，而对称开放格局下也使得总的国外市场需求在各个方向形成分流，因此各沿边区位集聚发展水平通常不容易超过地理中心区位，见图2-9(a)。但对于国内空间纵深特别大或国外市场特别大的大国，各个方向沿边的区位也可能会形成与地理中心区位规模相当的经济集聚。

如果初始时国际市场更重要，则各个方向的沿边区位将可能首先形成经济集聚，并且在国际市场支持下形成的集聚优势也能帮助沿边区位占领较大国内市场，那么沿边区位将可能成为最适宜集聚的区位；而地理中心区位，则只能依靠“剩余”的内陆市场来支撑集聚发展，一般而言不容易超过沿边区位的集聚发展水平，见图2-9(b)。当国内空间纵深特别大的大国，沿边区位即使已达到集聚不经济的程度，仍留给了地理中心足够大的国内市场，于是地理中心区位也可能形成不亚于沿边区位的经济集聚水平。

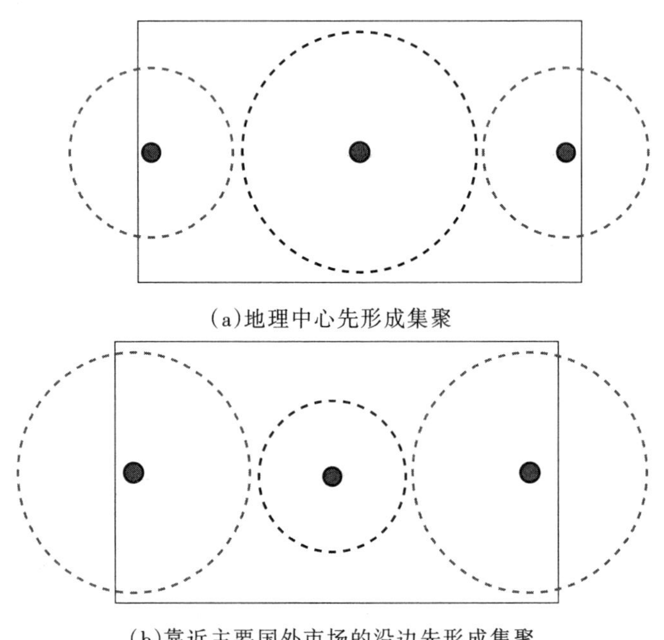

(a)地理中心先形成集聚

(b)靠近主要国外市场的沿边先形成集聚

**图2-9　大国开放经济中经济集聚的适宜区位(对称的经济开放)**

### 三、各区域经济区位综合评价

在上述不同的经济类型中，改革开放之后的中国经济是典型的空间非对称型大国开放经济，东部沿海地区开放水平相对较高，西部内陆及沿边地区开放水平有待提高。在改革开放之前中国全国各地区经济发展水平总体平衡，但那是低水平的平衡，改革开放之后在较长时期里新增市场需求中，国外市场的重要性高于国内市场。并且，由于沿海地区融入海洋运输国际贸易体系的便利性，国外市场又更多与沿海地区经济关系更紧密。在这种情形下，东部沿海地区率先成了经济集聚规模最大、水平最高的区域，而随着改革开放40多年来全国经济发展水平、特别是人民收入与生活水平的整体提升，国内市场的重要性不断提高，使得在地理上能更好地服务于国内市场的若干内陆优势区位获得更多集聚发展机会，加上国家全面对外开放（特别是"一带一路"建设）对海陆与东西关系的重新定义，也使部分内陆优势区位得到国家战略的重点加持。大致可以按国外市场优势、国内市场优势、自身集聚能力、区外集聚影响（处于集聚水平更高的区域辐射范围内）等四个方面的因素对全国不同地区进行3分制打分，每方面条件好的3分、条件中等的2分、条件差的1分，再将各方面差异叠加在一起即可得到综合评价得分，据此可以对全国各主要区域的经济区位进行粗略的判断。

表2-4　全国（不含港澳台地区）各主要区域经济区位适宜性评价

| 区域 | 国外市场优势 | 国内市场优势 | 自身集聚能力 | 区外集聚影响 | 综合 |
| --- | --- | --- | --- | --- | --- |
| 东北平原 | 2 | 3 | 2 | 2 | 9 |
| 华北平原（东） | 3 | 2 | 3 | 3 | 11 |
| 华北平原（中） | 2 | 3 | 1 | 2 | 8 |
| 长江中下游平原（东） | 3 | 2 | 3 | 3 | 11 |
| 长江中下游平原（中） | 2 | 3 | 2 | 2 | 9 |
| 东南丘陵 | 3 | 2 | 3 | 3 | 11 |
| 内蒙古高原 | 2 | 1 | 1 | 1 | 5 |
| 黄土高原 | 2 | 3 | 2 | 3 | 10 |
| 四川盆地 | 2 | 3 | 2 | 3 | 10 |

续表

| 区域 | 国外市场优势 | 国内市场优势 | 自身集聚能力 | 区外集聚影响 | 综合 |
|---|---|---|---|---|---|
| 云贵高原 | 2 | 2 | 1 | 1 | 6 |
| 准噶尔盆地—吐鲁番盆地 | 2 | 1 | 1 | 1 | 5 |
| 塔里木盆地 | 1 | 1 | 1 | 1 | 4 |
| 青藏高原 | 1 | 1 | 1 | 1 | 4 |

注:华北平原、长江中下游平原等区域标注的(东)和(中),分别表示其中位于东部地区的部分和位于中部地区的部分。

具体打分方法为:国外市场优势方面,沿海地区可得3分,沿边开放条件较好的地区2分,沿边开放条件较差的地区及内陆地区1分。国内市场优势方面,胡焕庸线东南面(人口密集区域)的内陆地区3分,胡焕庸线东南面的沿海或沿边地区2分,胡焕庸线西北面的地区1分。自身集聚能力方面,京津冀、长三角、粤港澳大湾区三大城市群等经济高度集聚地区3分,沿海三大城市群以外的地区及内陆重点城市群(都市圈)所在地区2分,其他地区1分。区外集聚影响方面,未受抑制地区得3分,处于沿海三大城市群之一辐射范围内的地区得2分,处于内陆重点城市群(都市圈)辐射范围内的地区得1分。

如果对以上四个方面的权重进行平均赋值,可以简单加总得到各个地区经济区位的综合得分(见表2-4)。这个评价并不精准,但基本可以反映出全国各区域的经济区位对经济集聚发展的有利程度。根据表2-4的综合评价得分排序可以画出图2-10,其中没有标注出不适宜人口与经济集聚区域的评分排序。总体来看,沿海地区三大城市群等经济发展水平高,业已成为全国的经济"中心",其本身就会带来优势经济区位,即集聚带来更大的集聚(累积循环机制);内陆地区的四川盆地、黄土高原(主要是关中平原)等区域与沿海三大城市群距离适中,不会受到其"屏蔽效应"的抑制,具有较好的经济集聚区位,有形成全国经济"亚中心"的良好区位条件;华北平原(中)、长江中下游平原(中)等区域可以接受沿海三大城市群的带动,但也直接处于其辐射范围内,难以摆脱沿海的"虹吸",正所谓"大树底下好乘凉"而同时也"大树底下不长草"。

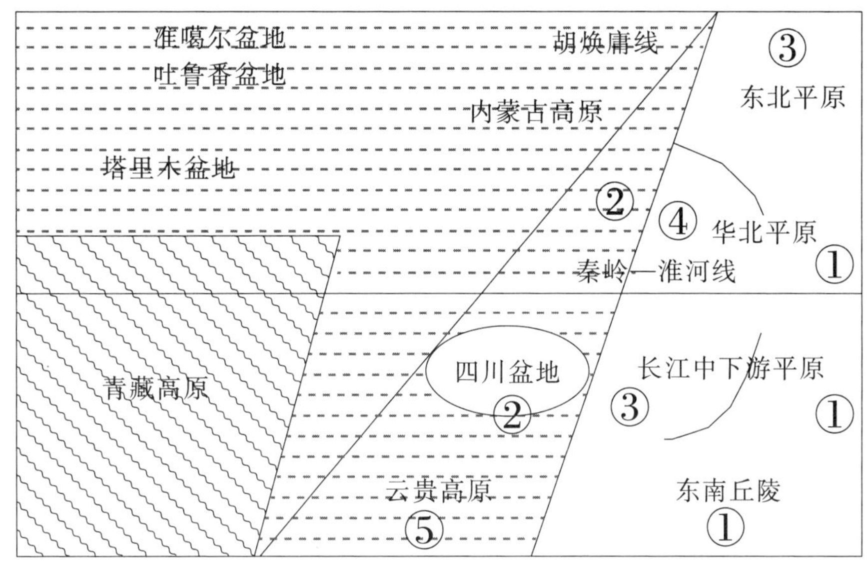


图 2-10 中国各区域人口与经济集聚的自然条件优劣排序示意

### (一)经济区位优越适宜集聚发展的区域

经济区位总体最优越的区域包括长江中下游平原(东)、华北平原(东)、东南丘陵、四川盆地、黄土高原(主要是关中平原)、长江中下游平原(中)、东北平原。其中,沿海地区的长江中下游平原(东)、华北平原(东)、东南丘陵经济区位总体是最优越的,唯有服务国内市场方面存在一定的区位局限(处于地理东端远离中西部内陆),其他方面都非常有利于经济集聚发展。其次是四川盆地、关中平原、长江中下游平原(中)、东北平原,这些区域虽然在国外市场优势方面不如沿海地区,但在国内市场优势方面居于前列;不过相比之下,四川盆地、黄土高原的经济区位更有优势,因为与沿海地区的距离适中,不会像长江中下游平原(中)、东北平原那样受到沿海三大城市群的抑制。

### (二)经济区位相对适宜集聚发展的区域

经济区位总体上相对适宜的区域包括华北平原(中)、云贵高原。其中,华北平原(中)在国内市场优势方面强于云贵高原,并且因为邻近的是沿海三大城市群之一的京津冀,虽然受到一定发展抑制却也可以得到相对更多的带动。云贵高原有沿边的开放区位便利,特别是在面向东南亚的开放经济发展中具有独特优势,但自身集聚能力并不强,且邻近内陆重点城市群成渝地区双城经济圈，当前更多受到其经济集聚的“虹吸”影响，而得到的辐射带动还有所不足，随着成渝地区双城经济圈的进一步发展未来在承接“溢出”方面会得到不断改善，总体上仍拥有相对适宜的经济区位。

### （三）经济区位不适宜大规模集聚发展的区域

内蒙古高原、准噶尔盆地、吐鲁番盆地、塔里木盆地、青藏高原等区域，虽然有沿边的便利，但相邻国家的经济发展水平决定了其直接面对的国外市场需求并不占优势。并且，这些区域地处胡焕庸线西北面的区位，又使得人口密度偏低不具有国内市场优势，自身集聚发展能力不足，周边邻近范围内也没有辐射能力强的重点城市群（都市圈）对其进行有力带动，总体上并不适宜大规模的集聚发展。

# 第三章　国家战略关注的区域[①]

## 第一节　改革开放以来的区域发展战略演变

发展中“大国经济”条件下的地区间差异，使得中国经济发展的战略从来都不是单纯从宏观总量层面可以完全把握的，区域发展格局与绩效也显得格外重要，并且其中还涉及经济与政治、中央与地方、地方与地方等不同关系，因此区域发展战略必然是国家整体战略体系中不可缺少的组成部分，可以从国家的区域发展战略演变中去发现哪些区域是国家战略所重点关注的。改革开放以来，国家紧紧围绕不同时期的区域发展现实，不断丰富和完善中国特色社会主义区域发展理论体系与具体实践。部分研究从不同角度尝试分析总结国家区域发展战略与相关政策，但对区域发展战略演变的阶段划分过于碎片化，比如单纯按五年计划（规划）等固定周期（冯长春等，2015）或单纯以某些标志性事件为依据（陈瑞莲和谢宝剑，2009）导致划分的阶段太多，而没有从战略取向和政策推进的阶段性特征来深入分析，因此对区域发展战略演变的整体脉络和线索刻画不够清晰。在改革开放30年之际，魏后凯（2008）、陈栋生（2009）等系统梳理了国家区域发展战略和发展格局演变，较好勾勒出了中国区域发展的动态画卷。如今改革开放已经40多年，有必要进一步梳理新的动态，总的来看大致可以将这40多年的区域发展战略演变划分为三个阶段。

### 一、东部率先发展阶段

东部率先发展阶段大致是从改革开放到20世纪90年代中期。1978年党的十一届三中全会前后，邓小平同志多次提出，要把允许一部分地区和一部分人先富起来作为一个大政策定下来，并强调这是为了实现共同富裕的一个必

---

① 本章大量采用了尹虹潘（2018）的研究结论。

要手段(龙平平,2014)。基于这一思想,国家在改革开放初期就实施了以东部沿海地区为重点的发展战略,在“六五”期间国家投资重点已开始向沿海地区倾斜,“七五”期间进一步确定按东部、中部、西部的顺序安排发展重点(区域经济政策课题组,1991)。但明确提出“两个大局”战略构想是在1988年了,是以邓小平同志最初的总体战略设想和10年发展实践作为基础的,带有“摸着石头过河”的显著特点,“两个大局”战略构想中第一个大局就是对这一阶段国家区域发展战略重点的回应。国家优先选择东部沿海地区,主要是因为其适宜开发条件和国际投资与贸易优势(海运便利、侨乡优势等)有利于迅速提升综合国力。此外,当时国家财力有限,能更多依靠自身条件加快发展的东部沿海地区是更现实的选择(张杰,2001),当然国家仍在投资等方面向沿海进行了倾斜,而实行中央和地方财政“划分收支、分级包干”政策实际上也更有利于沿海地区通过留成保留来自当地的财政收入(徐现祥等,2011)。

这一阶段主要是以开放促改革,特别是以东部沿海地区的开放来促改革,并且很多体制机制改革本身也是围绕对外开放来推进的。具体到改革和开放两个方面,其推进的方式又有所不同。经济领域的重大改革主要是围绕突破束缚生产力发展的体制障碍,进行探索性农村改革、城市改革及管理体制、所有制、分配制度、产权制度等系列改革(李兰冰、刘秉镰,2015),经济体制改革方向逐步明晰,初步建立起社会主义市场经济体制。因为事关重大,所以这些改革主要都是从国家层面总体推进的。而对外开放方面,除1982年申请并获得关税与贸易总协定(GATT)观察员身份及1986年正式提出要求恢复GATT成员国席位等全局性安排之外,其他更多是局部先行试验、区域性渐进布局。分批次设立的经济特区、沿海开放城市、沿海经济开放区等,是国家支持东部沿海地区率先发展的主要战略支撑载体。内陆地区部分重点城市也通过沿江开放城市、长江三峡经济开放区等设立得到一定支持,但主要是在以浦东开发开放为龙头带动长三角和整个长江流域经济新飞跃的框架下推进的,开放的重心优先放在了东部沿海地区,通过渐进式的布局逐步向其他地区拓展。

以“摸着石头过河”为特点的渐进式推进方式,其好处在于可以一边用实践成效验证决策的正确性,从而不断凝聚共识,一边在实践中总结经验、完善具体做法，然后逐步扩大布局范围。而地方层面，虽然在改革开放之后自主权不断扩大，但当时地方各级干部的发展眼界仍不够开阔，除广东等少部分沿海地区外，其他各地对于对相关政策效应还缺少比较充分的认识，而且在一个时期内、特别是20世纪80年代末到邓小平同志南方谈话前，因为一些重大方向性问题没有得到解决，部分地方在推动改革开放发展方面难以完全解放思想。总体来看，这一阶段主要是中央单向主导的渐进式开放布局在推着地方走，东部沿海地区逐渐形成了珠三角、长三角、环渤海（以京津冀为主体）等经济集聚发展水平较高的区域，国家的综合实力也得到迅速提升，但从全国范围来看地方层面的积极性还没有很好调动起来。

### 二、统筹区域总体发展阶段

统筹区域总体发展阶段大致是从20世纪90年代中期到2012年党的十八大之前。东部沿海地区借助中央政策倾斜实现了快速发展，但这在带来国家宏观经济效益（蒋海青，1991）的同时，也使地区差距迅速拉大并引致许多负面影响（张可云，1993；胡乃武、韦伟，1995），于是对区域发展战略进行调整的呼声逐渐增加（史炜，1995；权衡，1997）。相关研究表明，外商直接投资的不平衡分布加剧了地区之间的不平衡发展（沈坤荣、耿强，2001），甚至1985~1999年间东西部经济增长率差异的90%是外商投资引起的（魏后凯，2002）。虽然适度非均衡发展有利于发展中国家整体的跨越式增长，但也只能是特定时期的选择，如果长期过度非均衡不但从经济发展上不可持续，甚至可能对稳定带来挑战（李猛，2011），应该说这些因素在邓小平同志谋划“两个大局”时已经考虑到，并做了全面战略安排。

但进入20世纪90年代后，国家并没有马上实施新的区域发展战略，毕竟重大转变必须充分审慎，也有改革开放以来“分灶吃饭”体制下中央财政缺少足够财力支持中西部地区的因素（张杰，2001），中央财政收入占全国财政收入比重已从1984年的40%下降到1993年的22%，中央通过与地方艰难谈判推动“分税制”改革改变了这一格局。因此，虽然一般认为国家正式提出西部大开发是“两个大局”中第一个大局向第二个大局转变的标志（李兰冰、刘秉镰，2015），但更全面来看，这个转变并非一个确切时点，而是逐步酝酿和条件不断成熟并最终付诸实施的时段。“分税制”改革的影响是多方面的，也包括为区域发展战略转变准备中央财力基础，国家从“九五”时期开始更加重视支援内陆发展，1997年设立重庆直辖市是一个先期布局，而1999年正式提出实施西部大开发也就水到渠成了。

在西部大开发战略实施几年后，针对东北地区等老工业基地持续衰退萧条、中部六省经济“凹陷”等区域问题，又分别于2003年和2004年提出东北地区等老工业基地振兴和中部地区崛起，加上前一阶段的东部率先发展，2004年中央经济工作会提出了完整的“实施西部大开发，振兴东北等老工业基地，促进中部地区崛起，鼓励东部地区率先发展，实现相互促进、共同发展”，形成覆盖全国四大板块的区域发展总体战略。在此区域发展战略背景下，东部率先继续得到保持，西部开发（中央党校经济研究中心课题组，2000；胡鞍钢等，2000；王洛林、魏后凯，2001）、东北振兴（林木西，2003）、中部崛起（杨胜刚、朱红，2007；柯善咨，2009）等也都取得了相应的成效。

这一阶段里，1997年和1999年香港和澳门回归祖国并分别设立两个特别行政区，是对中华民族伟大复兴具有深远影响的重大事件，并且其影响也投射到区域发展战略中，以“一国两制”作为坚实的制度保障才有后来的粤港澳大湾区等重大区域发展战略。而设立重庆直辖市则是该阶段下影响区域发展的又一个重要事件，直接作为西部大开发的“先手棋”，逐步拉开了统筹四大区域板块总体发展的战略序幕。重庆直辖带来的区域影响至少包括三方面：一是区域发展中的资源配置是由市场与政府共同完成的，高行政级别可以极大增强对政府性资源的配置能力，直辖市比计划单列市/副省级市行政级别高，对自身辖区内的资源配置有更大权限；二是国家层面的一些政策性资源非常稀缺，一个省份只有“一张嘴”，新的川渝两省市向国家争取政策、资金、重大交通基础设施和重大产业项目布局等相关支持更有话语权，一些资源并非所有省份都能争取到，即使能争取到往往在同一省份也只配置一份，重庆直辖后川渝两省市常常能够争取各得到一份，整个区域就有两份，这对带动周边地区发展也更有利；三是作为直辖市的对外形象和对外影响力会得到较大提升，能够很好地引导市场预期，因此对采取市场化方式吸引国内外的人才和其他要素集聚也有更好的促进作用。

### 三、新时代区域协调发展阶段

新时代区域协调发展阶段始于2012年党的十八大以后，是中国特色社会主义进入新时代在国家区域发展方面的具体投射。前一阶段区域发展总体战略的逐步形成和实施，促进中国区域经济相对和谐发展，但地区间绝对差距仍在扩大（李昌明，2010）。特别是2000年后人口流动的制度障碍不断减少，受人口与经济空间分布之间内在的动态协调关系影响（尹虹潘等，2014），农业转移人口跨省流动持续增加，到2010年东部地区的劳动力总就业占全国比重比1999年增加3.3个百分点，而中西部和东北的比重都有不同程度降低（年猛、孙久文，2012）。无论从地区发展绝对差距还是人口区际流动与再分布格局看，区域发展都存在不平衡不充分的问题。党的十八大以来，新时代的区域发展战略逐步形成并不断完善。国家主席习近平在2013年9月出访哈萨克斯坦和当年10月出访印度尼西亚期间，分别提出共建"丝绸之路经济带"和"21世纪海上丝绸之路"（合称"一带一路"）重大倡议，对外促进和平、发展、合作、共赢，对内推动开放环境下的经济地理重塑，2014年中共中央、国务院提出京津冀协同发展和长江经济带发展战略，2017年10月，党的十九大立足中国发展新的历史方位，围绕在新时代更好解决"人民日益增长的美好生活需要和不平衡不充分的发展之间的矛盾"，贯彻新发展理念建设现代化经济体系，推动经济向高质量发展阶段转变，提出实施区域协调发展战略，粤港澳大湾区建设、长三角一体化发展、黄河流域生态保护和高质量发展等也陆续上升为重大国家战略，2020年初中央又作出了成渝地区双城经济圈建设的战略部署。总体来看，国家层面在新时代以更加积极主动的战略姿态和全局谋划，促进全国高质量的区域协调发展，全方位培育经济发展新动能，并在对外开放方面进行了优化区域开放布局的战略部署，推动形成以国内大循环为主体、国内国际双循环相互促进的新发展格局。

## 第二节　支撑国家区域发展战略的平台

国家的区域发展战略需要具体的政策工具来支撑，不少研究更多去关注中央财政转移支付或直接投资等"输血"政策的区域格局，以此解读国家战略重点关注的区域。但事实上，以要素资源配置倾斜为主要内容的“输血”政策更多是通过政府的直接干预达到“扶弱”的目的，而承载着重要政策资源的国家级战略平台是具有较强“造血”功能的政策工具，带有更加明显的“助强”意图，主要通过示范引导等间接干预来培育重点战略区域的新兴发展动能。因此，各类国家级战略平台的区域布局，更能反映不同时期国家战略的重点关注区域。

## 一、国家级战略平台的属性

国家级战略平台，是指通常由中共中央、国务院直接决定设立或者批准设立（依国家部委、地方政府等申请予以批准），赋予较高行政级别、特定先行先试权限等高层级政策资源，承担国家发展中特定重大战略任务的载体区域，具有服务国家战略意图和目标的基本功能属性，在国家战略全局中具有重要地位（尹虹潘，2018）。国家级战略平台的设立体现国家意志，在保证市场积极发挥资源配置作用（不同时期市场发挥的作用存在差异）的前提下，更好发挥政府作用对市场进行宏观引导、调控和规制，解决单纯依靠市场解决不了或解决不好的发展问题。其中，国家级战略平台的不同功能类别和具体类型设置，主要着眼于解决不同发展领域的“条条”问题；而国家级战略平台的区域布局，则是借助政策资源的有效空间配置来引导解决不同区域的“块块”问题。特别是一些重大发展战略问题、发展方式转变问题、深层次体制机制问题等，单靠资金、土地等要素投入难以解决，而通过国家级战略平台的特殊政策安排可以更好破解。因此对国家区域发展战略与政策的研究，应该更加重视国家级战略平台的作用，并且高度关注国家级战略平台的区域布局。

### （一）国家级战略平台的功能类别设置

改革开放以来设立的国家级战略平台类别从相对单一到逐渐多样化，到目前已有五个大的功能类别，每个功能类别又包括若干具体类型的战略平台分别承担差异化的战略任务。一是以改革、开放、创新、绿色发展等共同助推国家发展的综合型战略平台（以下简称“综合平台”）。综合平台重在发挥多领域的协同交互作用，随着对中国特色社会主义建设规律、特别是对中国特色社会主义市场经济发展规律认识的不断深化，不同时期“综合”的内涵和外延在不断丰富和完善，但始终都代表着当时最先进的发展理念。代表性的综合平台如国家级新区等。二是主要以对外开放促进国家发展的战略平台（以下简称“开放平台”）。开放平台建设着眼于用好国内和国际“两个市场”“两种资源”，开展对外产品与服务贸易、促进引资和对外投资、推动国际产能合作与技术合作等，坚持内外联动，在全球范围内更好配置各种资源服务于国家整体发展。代表性的开放平台在改革开放初期有经济特区、各类开放城市，近年来有自由贸易试验区、自由贸易港等。三是主要以推动改革来增强国家发展内生动力的战略平台（以下简称“改革平台”）。改革是解放和发展社会主义生产力、推动生产关系同生产力相适应的内在要求，改革平台就是聚焦改革、通过与时俱进的制度创新来不断破除制约生产力发展体制机制障碍的先行先试平台。代表性的改革平台如计划单列市/副省级市、国家综合配套改革试验区等。四是主要以培育创新动力来引领国家实现更高质量发展的战略平台（以下简称“创新平台”）。科学技术是第一生产力，创新是引领发展的第一动力，创新平台重在营造有利于创新的软硬环境和条件，紧紧抓住和用好新一轮科技革命、产业变革的机遇，推动经济发展质量变革、效率变革、动力变革，提升国家发展的国际竞争力。代表性的创新平台如国家自主创新示范区等。五是主要以绿色发展理念促进国家可持续发展的战略平台（以下简称“绿色平台”）。建设生态文明是中华民族永续发展的千年大计，必须树立和践行绿水青山就是金山银山的理念，绿色平台就是要在处理好经济发展同生态环境保护的关系方面做出示范，引领全国推动绿色发展、循环发展、低碳发展。代表性的绿色平台如国家生态文明试验区等。

### （二）国家级战略平台对区域发展的重要影响

“大国经济”条件下，国家会根据全局发展需要，将功能各异的战略平台布局在具有不同优势和特点的区域，以便每类战略平台都能借助所在区域的优势更加充分地发挥作用，这客观上会使不同区域在国家发展全局中承担的战略任务存在差别，进而带来区域地位和发展机会的差别。因此，国家级战略平台的区域布局必然会对区域发展产生重要影响，通常国家级战略平台密集布局的区域在全国区域发展战略中也会有相对更重要的地位，而某种具体类型的战略平台布局在某区域,也在很大程度上代表了国家对该区域发展的方向指引和战略定位。设立国家级战略平台的区域可能会得到更多发展“红利”。为了实现国家整体战略意图和目标,国家往往以战略平台为载体、透过战略平台给予高层级的特殊政策支持,使其具有显著的经济集聚效应和区域示范引领效应。

1.增强直接配置资源能力

市场在资源配置中起决定性作用,但决定性作用不等于全部作用,总有一些资源是由政府配置的,甚至很多特别稀缺的战略性资源并不能通过市场得到较好配置而更适合由政府来配置,国家级战略平台赋予的较高行政级别将增强所在区域政府的资源配置能力。此外,出于更好实现国家战略意图和目标的需要,国家也可能为设立国家级战略平台的区域提供部分财政资金、建设用地指标等要素配置的额外倾斜支持。

2.扩大生产可能性边界

国家级战略平台通常会基于特定战略意图和目标而带来某些先行先试权限,其他区域不能做而设立平台的区域可以做(至少可以先做),形成寡占性制度红利,吸引更多优质要素资源的集聚,从而扩大生产可能性边界。此外,放宽部分制度约束条件也可以使发展领域得到有效拓展、既有的发展动力得到更充分释放、形成新的发展动力和增长点等,或是降低制度成本使运行效率提高、发展质量提升而带来更大发展效益等。

3.释放信号引导市场预期

市场与政府两种资源配置方式之间并不是非此即彼的,中国特色社会主义市场经济体制下两种方式之间有较好的配合。微观经济主体通常能非常敏锐地意识到,设立国家级战略平台的区域都是承担某些国家重大战略任务的重点区域,某个区域设立的国家级战略平台数量越多、类型越重要,则该区域的发展前景就更会被微观经济主体看好,于是市场资源也愿意在此集聚,这将使微观经济主体的预期变成现实。

4.锁定区域竞争有利路径

国家级战略平台承担重大战略任务的属性决定了其稀缺性,一般每类战略平台既不会对所有省份全覆盖,也不会在单个省份内布局太多数量,一旦战略平台布局在某区域就可能使前述各种发展“红利”逐渐累积形成区域竞争的寡占性优势，而将未设立战略平台的区域置于不利地位。即使战略平台先行先试的成果最终将向更多区域推广，但至少在此之前有阶段性的寡占性优势，只要设立战略平台与后续推广之间的“时间差”够大，就可能让未设立战略平台的区域形成后发劣势持续累积循环的路径锁定，长期难以实现赶超，各个地方向中央争取设立国家级战略平台的激烈竞争足以证明这一点。

## 二、国家级战略平台对国家战略的支撑

国家级战略平台自然是用来支撑国家战略意图和目标实现的，本章第一节回顾了改革开放以来国家区域发展战略演变的三个阶段，在其中的每个阶段中都有与之对应的国家级战略平台在发挥着重要的引领与示范作用。因此，国家级战略平台在不同区域的布局，可以成为观察国家战略关注点的“风向标”。

### （一）东部率先发展阶段的国家级战略平台

#### 1.沿海各类开放平台布局

一是经济特区。1980年，设立深圳、珠海、汕头、厦门4个经济特区成为中国对外开放的标志性事件，1988年又设立海南省并建立经济特区。各经济特区围绕对外开放推动改革创新，发挥了开创性试验和示范作用，成为内引外联的重要窗口和东部沿海地区率先发展的增长极。二是沿海开放城市。根据首批经济特区建设取得的经验和成绩，1984年进一步开放14个沿海港口城市，实行特区的某些政策并兴办经开区，此后1985年和1988年又分别将营口和威海增列为沿海开放城市。一批沿海开放城市的设立，把开放格局由经济特区几个点延伸到整个沿海一线，较好发挥了扩大出口创汇和吸收外来资金技术促进区域发展的作用。三是沿海经济开放区。随着对外开放深入推进，单个城市不能很好地解决出口贸易、加工制造与农业支撑和原料供给等问题，1985年国家把长三角、珠三角、闽南三角作为沿海经济开放区，1988年又将辽东半岛、山东半岛和河北环渤海地区列为沿海经济开放区，从而使沿海地区更好构建起“贸—工—农”型生产结构，配套更完善。四是中国—新加坡政府间合作项目（以下简称“中新合作项目”）。1994年，为学习借鉴新加坡发展经验，设立

了第一个中新合作项目——苏州工业园区。

2.内陆各类开放平台布局

一是沿江开放城市与经济开放区。1992~1994年国家陆续将长江沿岸的重庆、武汉等9个城市列为沿江对外开放城市，将长江三峡工程库区有关县列为长江三峡经济开放区，长江沿岸成为中西部内陆的重点开放区域，与东部沿海共同形成“T”形重点区域布局(陆大道，2001)，当然“T”形的沿海一横是更重要的。二是沿边与内陆省会开放城市。1992年后，国家也陆续开放了一批沿边城市和内陆省会城市，各沿边开放城市虽然有边境“门户”之便，但区域带动力普遍都不强；而各省会城市开放基本实现了对全国各省份的全覆盖，标志着全面开放格局的逐步形成。

3.改革平台布局

改革开放后的1983年，国家决定首先在重庆进行经济体制综合改革试点，并实行计划单列，此后到1989年陆续又有13个城市被批准实行计划单列。1993年，除6个非省会城市外，另8个省会城市不再实行计划单列。1994年将原14个计划单列市加上杭州、济南都确定为副省级市，计划单列市/副省级市与各直辖市一道，作为高行政级别城市构成了国家区域发展战略格局中的关键支撑点。

4.综合平台布局

进入20世纪90年代后中共中央、国务院决定开发上海浦东，并于1992年设立首个国家级新区——上海浦东新区作为支撑性的国家级战略平台。上海浦东是江海交汇的天然纽带，浦东开发开放既有利于提升沿海开放发展的层次，也拉开了长江沿江开放发展的序幕。

**表3-1　东部率先发展阶段的主要国家级战略平台**

| 类别 | 具体类型 | 设立地及设立时间 |
| --- | --- | --- |
| 开放 | 经济特区 | [1980]深圳、珠海、汕头、厦门<br>[1988]海南(同时建省) |
| 开放 | 沿海开放城市 | [1984]大连、秦皇岛、天津、烟台、青岛、连云港、南通、上海、宁波、温州、福州、广州、湛江、北海<br>[1985]营口<br>[1988]威海 |

续表

| 类别 | 具体类型 | 设立地及设立时间 |
|---|---|---|
| 开放 | 沿海经济开放区 | [1985]长三角、珠三角、闽南三角(厦门、漳州、泉州)<br>[1988]辽东半岛、山东半岛、环渤海地区 |
| 开放 | 沿江开放城市 | [1992]重庆、武汉、岳阳、九江、芜湖<br>[1993]黄石<br>[1994]宜昌、万县、涪陵 |
| 开放 | 长江三峡经济开放区 | [1994]湖北、四川(现重庆)所辖长江三峡工程库区 |
| 开放 | 中新合作项目 | [1994]江苏苏州:苏州工业园区 |
| 改革 | 计划单列市/副省级市 | [1983]重庆<br>[1984]武汉、沈阳、大连、哈尔滨、广州、西安<br>[1986]青岛<br>[1988]宁波、厦门、深圳<br>[1989]南京、成都、长春<br>[1994]杭州、济南 |
| 综合 | 国家级新区 | [1992]上海浦东 |

资料来源:根据公开资料收集整理。

这一阶段的国家级战略平台布局主要是支持东部沿海加快对外开放先发展起来。从各类国家级战略平台的区域布局看,东部沿海地区都占了绝大多数,国家通过相关战略平台赋予了较大的外资、外贸、财政、金融等自主权和一些特殊优惠政策,并且同类战略平台在东部沿海布局的时间远早于内陆(时间差带来阶段性寡占优势),东部沿海逐渐形成珠三角、长三角、环渤海等集聚发展水平较高的区域。而中西部内陆与东部沿海存在较大差距,除少数计划单列市/副省级市外,沿江、沿边和内陆省会等部分重点城市在1992年后也得到了一些开放支持,但从总体上看内陆地区并不是这一阶段国家级战略平台布局的重点,这也充分体现了战略平台服务于国家战略意图和目标的功能属性。由于地方层面的积极性尚未完全调动起来,相关国家级战略平台的设立主要是在中央单向主导下进行的渐进式布局。

### (二)统筹区域总体发展阶段的国家级战略平台

1.各类改革平台布局

一是直辖市。与前一阶段的计划单列市/副省级市相比,新设立直辖市是从行政区划和行政管理体制改革角度进行的更高层面战略布局。国家从1994

年开始酝酿到1997年正式设立重庆直辖市，是为了加快中西部地区经济和社会发展所采取的一项重要举措，希望充分发挥重庆市作为特大经济中心城市的作用，进一步推动川东地区以至西南地区和长江上游地区的经济和社会发展，当然也是要统一规划安排管理三峡工程建设和库区移民，以及解决原四川省人口过多辖区过大不便管理的问题。因此将重庆由计划单列市/副省级市升格为直辖市在很大程度上带有西部大开发先期布局的意味，通过行政升格及其背后的关联行政体制改革增强了重庆对各种资源的配置能力，有利于重庆自身更好发展并引领周边广大西部地区发展。二是国家综合配套改革试验区。2005年，从上海浦东新区开始，到党的十八大前陆续共设立了11个国家综合配套改革试验区。各试验区充分结合所在地的发展基础和区域特点，分别围绕开发开放、统筹城乡、“两型”社会建设、新型工业化、资源型经济转型等主题进行综合配套改革试验，成为国家深化改革的“前沿阵地”，通过有针对性的综合配套改革破除发展障碍，推动区域经济更好发展，形成可复制可推广的试点经验。从这一阶段各种类型国家级战略平台布局的数量和覆盖的区域看，国家综合配套改革试验区都是居于首位的。三是金融综合改革试验区。2012年，国家重点针对金融领域改革发展，设立了浙江温州和广东珠三角两个金融综合改革试验区，希望为全国金融改革提供试点经验。

2.各类开放平台

一是中新合作项目。这一阶段除全国基本统一的对外开放政策外，国家在很长时间都没有布局带有区域属性的重大开放平台，直到2007年再次与新加坡政府合作建设中新天津生态城。二是重点开发开放试验区。为提高沿边开发开放水平，国家于2012年选择在广西东兴、云南瑞丽、内蒙古满洲里设立了三个重点开发开放试验区。三是内陆开放型经济试验区。基于与阿拉伯国家及世界穆斯林地区经贸文化交流合作的需要，2012年将宁夏设为内陆开放型经济试验区。

3.创新平台

虽然创新一直受到高度重视，早在1988年邓小平同志就提出“科学技术是第一生产力”的重要论断，但长期以来只在火炬计划下设立了国家级高新技术产业开发区(高新区)等战术层面的支撑平台。而这一阶段国家重点依托北京中关村、武汉东湖、上海张江等科技创新基础较好的高新区建设国家自主创新示范区,使创新发展的平台支撑上升到国家战略层面。

4.各类综合平台布局

一是国家级新区。在1992年设立上海浦东新区取得重要成效的基础上,国家于2006年将天津滨海新区升格为国家级新区,而后在2010~2012年期间又陆续设立了重庆两江新区等四个国家级新区,到党的十八大前总数达到六个,但这一阶段暂未在东北和中部布局。国家级新区是承担国家重大发展和改革开放战略任务的综合功能区,各国家级新区或在设立时即明确为副省级架构,或由所在省份下放省级管理权限并由副省级领导干部兼任新区主要负责人,实际上都具有了副省级管理权,特别是对所在地本身不是直辖市或副省级市的带来行政地位的“加持”,不论对争取优惠政策和财政性资金等支持还是对吸引人才和集聚要素都有促进作用,因此国家级新区及其所在地都是区域发展的重要“引擎”。二是经济开发区。基于对重要沿边城市开发开放和对新疆进行特殊支持的考虑,国家于2010年设立了喀什、霍尔果斯两个特殊的经济开发区(不同于数量众多的经济技术开发区),并给予了全方位资金和政策支持,这也为后来的扩大向西开放奠定了基础。

**表3-2 统筹区域总体发展阶段的主要国家级战略平台**

| 类别 | 具体类型 | 设立地及设立时间 |
|---|---|---|
| 改革 | 直辖市 | [1997]重庆市 |
| 改革 | 国家综合配套改革试验区 | [2005]上海浦东新区(综合开发开放)<br>[2006]天津滨海新区(综合开发开放)<br>[2007]重庆(统筹城乡)、成都(统筹城乡);武汉城市圈(“两型”社会建设)、长株潭城市群(“两型”社会建设)<br>[2009]深圳(综合开发开放)<br>[2010]沈阳经济区(新型工业化)、山西(资源经济转型)<br>[2011]浙江义乌(国际贸易)、厦门(两岸交流合作) |
| 改革 | 金融综合改革试验区 | [2012]浙江温州、广东珠三角 |
| 开放 | 中新合作项目 | [2007]天津:中新天津生态城 |
| 开放 | 重点开发开放试验区 | [2012]广西东兴、云南瑞丽、内蒙古满洲里 |

续表

| 类别 | 具体类型 | 设立地及设立时间 |
| --- | --- | --- |
| 开放 | 内陆开放型经济试验区 | [2012]宁夏 |
| 创新 | 国家自主创新示范区 | [2009]北京中关村、武汉东湖<br>[2011]上海张江 |
| 综合 | 国家级新区 | [2006]天津滨海<br>[2010]重庆两江<br>[2011]浙江舟山群岛<br>[2012]甘肃兰州、广州南沙 |
| 综合 | 经济开发区 | [2010]喀什、霍尔果斯 |

资料来源:根据公开资料收集整理。

值得一提的是,与前一阶段的改革开放主要由中央单向主导不同的是,这一阶段地方政府已经从过去的发展中看到了相关战略平台为所在地区发展带来的利益,并且在“分税制”改革后地方有了更大的发展自主权,地方领导干部通过经济增长追求晋升的积极性也更大(乔坤元,2013),因此在相关平台布局中不再是由中央单向安排,而是有了地方发展意愿与国家战略意图和目标对接的更多良性互动,能更好地发挥中央和地方两个积极性,甚至各级人民政府也开始设立类似的地方发展平台。同时也有了地区之间的激烈竞争(薄文广、安虎森,2013),只要国家准备设立(或批准在某个地区设立)某种战略平台,各地就会迅速向中央争取,无论是东部沿海地区对国家整体发展支撑作用更大的效益优势,还是区域不平衡格局下中西部内陆地区相对落后需要更多扶持的公平诉求,都是地方向中央争取布局相关战略平台的理由。决定权始终由中央掌握,既要考虑地区平衡发展因素,也必须充分考量对实现国家战略意图和目标的支撑能力,这是国家级战略平台布局与单纯财政性资金支持不同的地方。

### (三)新时代区域协调发展阶段的国家级战略平台

1.各类综合平台布局

一是国家级新区。2014~2017年期间国家级新区的数量迅速从前一阶段末的六个增加到十九个,覆盖的区域得到了较大拓展。新增的国家级新区大多是围绕“一带一路”建设和系列国家重大区域战略实施的需要,对相关沿线尚未设立国家级新区的地区进行布局上的完善，总体仍延续了前一阶段将国家级新区作为所在地综合性发展支撑节点的布局思路，通过串点连线形成轴带更好地支撑国家战略意图和目标的实现。而河北雄安新区的设立不同于其他新区，是中共中央做出的一项重大历史性战略选择，是继深圳经济特区和上海浦东新区之后又一具有全国意义的新区，是千年大计、国家大事。从区域布局上，雄安新区主要着眼于集中疏解北京非首都功能，调整优化京津冀城市布局和空间结构，深入推进京津冀协同发展；从发展模式上，雄安新区定位为一座以新发展理念引领的现代新型城区，对于探索人口经济密集地区优化开发新模式具有重大现实意义和深远历史意义。二是其他的综合平台。各类国家级战略平台近年来都在积极培育发展新动能，而2018年国务院批复同意《山东新旧动能转换综合试验区建设总体方案》，更使山东成为全国第一个明确以促进新旧动能转换为主题的综合平台。同年辽宁的沈阳—抚顺获准设立改革创新示范区，兼具改革与创新等多方面任务。2019年深圳获准建设中国特色社会主义先行示范区，深圳这座因改革开放而生的城市在改革开放40多年后开启了新一轮的探索。

2.各类开放平台布局

一是自由贸易试验区和自由贸易港。改革开放以来，国家相继设立了保税区、出口加工区、保税物流园区、跨境工业园区、保税港区、综合保税区等各类海关特殊监管区域，但这些都只是战术层面的开放平台。2013~2020年国家分六批设立了21+2个自由贸易试验区（+2为上海临港新片区、浙江扩展区域），通过层级更高的战略平台布局支撑了对外开放层次的提升，并且其中的海南是全岛建设自由贸易试验区、逐步探索建设中国特色自由贸易港，这将推动海南成为新时代全面深化改革开放的新标杆（夏锋和郭达，2018）。二是重点开发开放试验区。继广西东兴、云南瑞丽、内蒙古满洲里后，2014~2020年新设立了内蒙古二连浩特、云南勐腊（磨憨）、黑龙江绥芬河—东宁、广西凭祥、广西百色等重点开发开放试验区，完善了沿边开放的战略平台布局。三是特殊国际合作项目。2015年，基于服务“一带一路”建设、长江经济带发展、西部大开发等战略的考量，中国与新加坡第三个政府间合作项目中新（重庆）战略性互联互通示范项目选择重庆作为项目运营中心，将金融服务、航空、交通物流和信息通信技术作为重点合作领域。四是中韩产业园。2017年，在落实中韩自贸协定等背景下，国务院批准在江苏盐城、山东烟台、广东惠州依托现有经开区、高新区设立三个中韩产业园；2020年又设立了中韩（长春）国际合作示范区。五是内陆开放型经济试验区。2016年和2020年，国家分别批准设立贵州、江西两个内陆开放型经济试验区，加上前一阶段的宁夏共三个。

3.创新平台布局

进入本阶段以来，除国家自主创新示范区外没有增加其他类型的国家级创新战略平台，但数量上有较大增长，在2014~2018年期间密集地新设立了十七个国家自主创新示范区，加上前一阶段设立的三个，总数达到二十个，基本覆盖了创新基础和能力相对较强的各主要地区，并且还通过高规格创新改革试验区强化对部分区域创新发展的战略支撑，创新成为引领发展的第一动力。

4.绿色平台布局

人与自然和谐共生长期受到高度重视，党的十八大把生态文明建设纳入中国特色社会主义“五位一体”总体布局，除了全局性加快推进生态文明建设和生态文明体制改革外，党的十八届五中全会提出设立统一规范的国家生态文明试验区。经过前期多批次生态文明先行示范区等战术平台试点，2016年选择生态基础较好、资源环境承载能力较强的福建、江西和贵州三省作为国家生态文明试验区，凝聚改革合力、增添绿色发展动能、探索生态文明建设有效模式，2018年新增海南作为国家生态文明试验区。2018~2019年又相继设立六个国家可持续发展议程创新示范区。这表明绿色发展的平台支撑上升到新的战略高度，与党的十九大报告中“美丽”写入强国目标形成呼应。

5.各类改革平台布局

一是国家综合配套改革试验区。前一阶段作为重点战略平台布局较多的国家综合配套改革试验区，进入本阶段以来只新增了黑龙江省“两大平原”现代农业综合配套改革试验区，虽然数量上没有增加很多，但国家要求各试验区聚焦当前和今后一个时期经济社会发展中的突出矛盾问题确定改革试验重点任务，尽快形成可复制可推广的试点经验。二是金融综合改革试验区。鉴于金融发展领域的重要性和金融改革的迫切性，紧接着前一阶段的温州和珠三角，2012（党的十八大后）~2014年期间陆续新设立了泉州、云南和广西沿边、青岛等金融综合改革试验区。三是全面创新改革试验区。2015年，国家选择创新发展及相关体制基础较好的区域设立了八个全面创新改革试验区，重点依托区域内的国家自主创新示范区，并与其他各类国家级战略平台充分衔接，从处理好政府与市场关系、促进科技与经济融合、激发创新者动力和活力、深化开放创新等方面开展改革探索。四是绿色金融改革创新试验区。2017年国家专门针对绿色金融发展在五个省区设立了不同特点和任务的绿色金融改革创新试验区，通过深化改革将绿色发展理念深度融入金融发展领域。

**表3-3 新时代区域协调发展阶段的主要国家级战略平台**

| 类别 | 具体类型 | 设立地及设立时间 |
| --- | --- | --- |
| 综合 | 国家级新区 | [2014]陕西西咸、贵州贵安、青岛西海岸、大连金普、四川天府<br>[2015]湖南湘江、南京江北、福建福州、云南滇中、哈尔滨<br>[2016]长春、江西赣江<br>[2017]河北雄安 |
| 综合 | 中国特色社会主义先行示范区 | [2019]深圳 |
| 综合 | 新旧动能转换综合试验区 | [2018]山东（济青烟为核心） |
| 综合 | 改革创新示范区 | [2018]沈抚（辽宁） |
| 开放 | 自由贸易试验区 | [2013]上海<br>[2015]广东、天津、福建<br>[2017]辽宁、浙江、河南、湖北、重庆、四川、陕西<br>[2018]海南<br>[2019]上海（临港新片区）、山东、江苏、广西、河北、云南、黑龙江<br>[2020]北京、湖南、安徽、浙江（扩展区域） |
| 开放 | 自由贸易港 | [2018]海南 |
| 开放 | 重点开发开放试验区 | [2014]内蒙古二连浩特<br>[2015]云南勐腊（磨憨）<br>[2016]黑龙江绥芬河—东宁、广西凭祥<br>[2020]广西百色 |
| 开放 | 中新合作项目 | [2015]重庆：中新（重庆）战略性互联互通示范项目 |

续表

| 类别 | 具体类型 | 设立地及设立时间 |
|---|---|---|
| 开放 | 内陆开放型经济试验区 | [2016]贵州<br>[2020]江西 |
| 开放 | 中韩产业园 | [2017]江苏盐城、山东烟台、广东惠州 |
| 开放 | 中韩合作项目 | [2020]中韩(长春)国际合作示范区 |
| 创新 | 国家自主创新示范区 | [2014]深圳、苏南<br>[2015]长沙—株洲—湘潭、天津、成都、西安、杭州、珠三角<br>[2016]郑州—洛阳—新郑、山东半岛;沈阳—大连;福州—厦门—泉州;合肥—芜湖—蚌埠;重庆<br>[2018]宁波—温州;兰州—白银;乌鲁木齐—昌吉—石河子 |
| 绿色 | 国家生态文明试验区 | [2016]福建、江西、贵州<br>[2018]海南 |
| 绿色 | 国家可持续发展议程创新示范区 | [2018]山西太原、广西桂林、广东深圳 |
| 改革 | 国家综合配套改革试验区 | [2013]黑龙江"两大平原"[松嫩—三江](现代农业) |
| 改革 | 金融综合改革试验区 | [2012]福建泉州<br>[2013]云南沿边、广西沿边<br>[2014]山东青岛 |
| 改革 | 全面创新改革试验区 | [2015]京津冀、上海、广东珠三角、合肥—芜湖—蚌埠、成都—德阳—绵阳、武汉、西安、沈阳 |
| 改革 | 绿色金融改革创新试验区 | [2017]浙江(湖州—衢州)、江西(赣江新区)、广东(广州);贵州(贵安新区)、新疆(哈密—昌吉—克拉玛依) |

资料来源:根据公开资料收集整理,时间截至2020年11月。

与前一阶段区域发展总体战略重点聚焦解决具体区域问题不同,进入本阶段以来国家以更加积极主动的战略姿态突出了"一带一路"建设、系列国家重大区域战略对全国区域协调发展的整体引领作用,既注重具体问题导向,也注重全局目标导向。这是因为在改革开放以来长期的中国特色社会主义建设中积累了足够的治国理政经验和自信,开始从过去很长一个时期由实践到理论"摸着石头过河"逐渐转向以新理论指导新实践的"顶层设计"先行。在此背景下,相关战略平台布局自然也有了更加明确的指引,除沿海重点区域继续得到巩固提升外,新设立的各类战略平台大量布局在相关重点战略涉及的区域。与此同时,也显示出对若干城市群(都市圈)进行各类战略平台集群式布局的新特点,其中京津冀、长三角、珠三角、成渝四个跨省城市群和海南、海峡西岸、辽中南、山东半岛、武汉、关中、中原等以一省为主体的城市群(都市圈)是重要布局区域,充分体现了依托城市群(都市圈)更好发挥战略平台支撑作用的意图。而由于相关战略轴线和城市群(都市圈)发展本就是按照覆盖四大区域板块来谋划的,力求推进西部大开发形成新格局、加快东北等老工业基地振兴、推动中部地区崛起、率先实现东部地区优化发展,建立更加有效的区域协调发展新机制,因此依据这种总体谋划进行的国家级战略平台布局也必然使四大区域板块发展都能得到更大支持。

进入本阶段以来布局的各类国家级战略平台总量已可以与前两阶段之和相比,有效满足了经济新常态下全方位培育发展新动能的需要。前两阶段一些战略平台多个批次的设立间隔总体较大,如设立两批经济特区相隔8年、设立第一批沿海开放城市与第一批沿江开放城市相隔8年、国家级新区1992年及以后20年仅设立了六个,"试点—推广"节奏相对较慢。本阶段以来国家级新区、自由贸易试验区、自主创新示范区等战略平台的设立,通常是前一批次试点取得一定成效后很快布局下一批次扩大试点范围,通过"滚动"运行加快了"试点—推广"节奏。由于战略平台作为稀缺性政策资源能给地方发展带来很大利益,设立相关战略平台的地方越少则相关利益越具有区域寡占性,"试点—推广"节奏越慢、后一批次战略平台设立间隔越大则已经设立同类战略平台的地区维持寡占利益的时间越长。"试点—推广"节奏加快有利于惠及更多区域、实现更大全局利益,但降低了先行试点区域在每类战略平台上获得的寡占利益,而各类战略平台的密集设立又会加重一些基础条件较好地区的试点任务。那么要在国家战略"顶层设计"指导下使众多战略平台在快节奏"试点—推广"中更好发挥作用,必然要求中央依靠更高的权威来深入推进并确保地方全面贯彻落实形成央地密切互动。中央也会按照激励和约束并重的原则,依据地方贯彻新发展理念取得的实效进行有效激励,并建立容错纠错机制,引导各重点区域结合自身基础和特点,科学推进试点试验任务,迅速形成可复制、可推广的经验,更好地服务国家战略意图和目标的实现。

## 第三节 国家级战略平台揭示的重点战略区域

由于国家级战略平台承担的任务具有重大战略意义，而获准设立的国家级战略平台在数量上又具有稀缺性，因此可以用一个简单的显性指标来识别各地区在国家战略中的地位，即获准设立各种重要国家级战略平台越多的地区，则对国家战略需要来说是越发重要的（尹虹潘和刘姝伶，2020），国家对这样的地区发展给予了厚望，将较多的重点战略任务都交给了这样的地区。有的研究比较关注国家给了哪些区域较多转移支付、较多建设用地指标等要素配置倾斜，诚然资金、土地等要素对所有区域发展都是重要的，但如果国家对某个区域只给资金和土地而不给战略任务，那么基本可以认为国家更多是出于“扶弱”的考虑。为了让不同区域的人尽可能得到大致相当的美好生活，与所处发展阶段国情相适应的“扶弱”措施是必要的，不能因为某些发达区域发展条件好、效率高就把全部要素都投向发达区域。

### 一、国家级战略平台密集分布的区域

改革开放40多年来，国家在不同时期设立的国家级战略平台类型较多，这里选择在各个时期发挥重要作用的七种具体类型（以下简称“重要战略平台”）进行统计，包括（Ⅰ）高行政级别城市（直辖市和计划单列市/副省级市）、（Ⅱ）经济特区/中国特色社会主义先行示范区、（Ⅲ）国家级新区、（Ⅳ）国家自主创新示范区、（Ⅴ）国家自由贸易试验区/自由贸易港、（Ⅵ）国家综合配套改革试验区、（Ⅶ）中国—新加坡政府间合作项目，这七种重要战略平台涵盖了改革、开放、创新等重点领域（或相关领域的综合），都符合以新发展理念为指引全方位培育发展新动能的战略方向。

表3-4中单个省份获准设立重要战略平台数量在四个或以上的，总体来说都是在国家战略中地位较重要。除了分省份的统计，表3-4也对部分重点跨省城市群进行了合并统计，京津冀城市群三省市共设立十一个重要战略平台，长三角城市群三省市共设立十九个重要战略平台[①]，粤港澳大湾区的大陆地区部分广东共设立十一个重要战略平台（单省第一），成渝地区双城经济圈两省市共设立十一个重要战略平台，该四个跨省城市群设立的重要战略平台

① 安徽与长三角其他3省市的一体化程度还不高，未进行合并统计，但并不影响基本分析结论。

均在十个以上，合计超过全国的50%，在国家战略全局中当然是重中之重。除此之外，其他单个省份（对应以一省为主体的城市群或都市圈）设立重要平台数量在四个或以上的包括福建（六个）、辽宁（六个）、山东（五个）、湖北（四个）、陕西（四个）、黑龙江（四个）、湖南（四个）。

表3-4　全国各省份（区域）设立重要战略平台简况

<table>
<tr><th>省份</th><th>设立重要平台类型</th><th colspan="2">数量</th><th>省份</th><th>设立重要平台类型</th><th colspan="2">数量</th></tr>
<tr><td>北京</td><td>Ⅰ、Ⅳ、Ⅴ</td><td>3</td><td rowspan="3">11</td><td>湖北</td><td>Ⅰ、Ⅳ、Ⅴ、Ⅵ</td><td colspan="2">4</td></tr>
<tr><td>天津</td><td>Ⅰ、Ⅲ、Ⅳ、Ⅴ、Ⅵ、Ⅶ</td><td>6</td><td>湖南</td><td>Ⅲ、Ⅳ、Ⅵ、Ⅴ</td><td colspan="2">4</td></tr>
<tr><td>河北</td><td>Ⅲ、Ⅴ</td><td>2</td><td>广东</td><td>2Ⅰ、4Ⅱ、Ⅲ、2Ⅳ、Ⅴ、Ⅵ</td><td colspan="2">11</td></tr>
<tr><td>山西</td><td>Ⅵ</td><td colspan="2">1</td><td>广西</td><td>Ⅴ</td><td colspan="2">1</td></tr>
<tr><td>内蒙古</td><td></td><td colspan="2">0</td><td>海南</td><td>Ⅱ、2Ⅴ</td><td colspan="2">3</td></tr>
<tr><td>辽宁</td><td>2Ⅰ、Ⅲ、Ⅳ、Ⅴ、Ⅵ</td><td colspan="2">6</td><td>重庆</td><td>Ⅰ、Ⅲ、Ⅳ、Ⅴ、Ⅵ、Ⅶ</td><td>6</td><td rowspan="2">11</td></tr>
<tr><td>吉林</td><td>Ⅰ、Ⅲ</td><td colspan="2">2</td><td>四川</td><td>Ⅰ、Ⅲ、Ⅳ、Ⅴ、Ⅵ</td><td>5</td></tr>
<tr><td>黑龙江</td><td>Ⅰ、Ⅲ、Ⅵ、Ⅴ</td><td colspan="2">4</td><td>贵州</td><td>Ⅲ</td><td colspan="2">1</td></tr>
<tr><td>上海</td><td>Ⅰ、Ⅲ、Ⅳ、2Ⅴ、Ⅵ</td><td>6</td><td rowspan="3">19</td><td>云南</td><td>Ⅲ、Ⅴ</td><td colspan="2">2</td></tr>
<tr><td>江苏</td><td>Ⅰ、Ⅲ、Ⅳ、Ⅴ、Ⅶ</td><td>5</td><td>西藏</td><td></td><td colspan="2">0</td></tr>
<tr><td>浙江</td><td>2Ⅰ、Ⅲ、2Ⅳ、2Ⅴ、Ⅵ</td><td>8</td><td>陕西</td><td>Ⅰ、Ⅲ、Ⅳ、Ⅴ</td><td colspan="2">4</td></tr>
<tr><td>安徽</td><td>Ⅳ</td><td colspan="2">1</td><td>甘肃</td><td>Ⅲ、Ⅳ</td><td colspan="2">2</td></tr>
<tr><td>福建</td><td>Ⅰ、Ⅱ、Ⅲ、Ⅳ、Ⅴ、Ⅵ</td><td colspan="2">6</td><td>青海</td><td></td><td colspan="2">0</td></tr>
<tr><td>江西</td><td>Ⅲ</td><td colspan="2">1</td><td>宁夏</td><td></td><td colspan="2">0</td></tr>
<tr><td>山东</td><td>2Ⅰ、Ⅲ、Ⅳ、Ⅴ</td><td colspan="2">5</td><td>新疆</td><td>Ⅳ</td><td colspan="2">1</td></tr>
<tr><td>河南</td><td>Ⅳ、Ⅴ</td><td colspan="2">2</td><td colspan="2">全国合计总数量</td><td colspan="2">103</td></tr>
</table>

注：时间截至2020年11月。自贸试验区的新片区或扩展区域也计为1个。

进一步梳理表3-4的统计结果，按照有机衔接“一带一路”倡议和国家重大区域发展战略的线索，可以发现重要战略平台主要布局在能够主要支撑国家战略的区域。京津冀、长三角、粤港澳等城市群是沿海地区设立重要战略平台最多的区域，此外福建、山东、辽宁等沿海省份也布局了较多重要战略平台。而在中西部内陆地区，川渝（成渝地区双城经济圈）是设立重要战略平台最多的区域，湖北（武汉都市圈）、陕西（关中都市圈）其次。这从一个侧面体现出国家战略在很大程度上依靠重要战略平台来支撑，而重要战略平台密集布局的区域，则必然是国家战略关注的重点区域，见表3-5。

表3-5　国家战略关注的重点区域

<table>
<tr><th>代表性城市群/都市圈</th><th>对应的国家重大区域战略</th><th>衔接的“一带一路”倡议</th></tr>
<tr><td>京津冀</td><td>京津冀协同发展</td><td rowspan="3">21世纪海上丝绸之路</td></tr>
<tr><td>大珠三角（粤港澳）</td><td>粤港澳大湾区建设</td></tr>
<tr><td>长三角</td><td rowspan="2">长江经济带发展、长三角一体化</td></tr>
<tr><td>成渝、武汉</td><td rowspan="2">丝绸之路经济带</td></tr>
<tr><td>关中</td><td>黄河流域生态保护和高质量发展</td></tr>
</table>

## 二、国家战略与区域发展规律的契合

国家战略关注的重点区域，与区域发展内在的规律是否一致呢？新经济地理理论表明，在集聚与分散两种力量共同作用下，一个区域中随着与经济中心的距离不断增大，不同区位的市场潜力会呈现出“ω”形的三次函数曲线变化趋势（Fujita和Krugman，1995）。对中国的经验实证分析发现，国内各城市的经济增长率随着到沿海三大城市群的地理距离增加表现出了类似规律（许政等，2010），第一章中对省级人均GDP的分析也佐证了这一点。沿海三大城市群的直接经济辐射半径（三次曲线第一个下降区间）大约在600千米以内，三次曲线第二峰值大约在距离沿海1300千米的区位（孟可强和陆铭，2011）。第二峰值出现意味着在中国“大国经济”的空间纵深下，单靠沿海三大城市群无法有效辐射到整个国家，在离开沿海600~1300千米区间客观上存在着形成内陆重点城市群的适宜区位（第二峰值）。距离沿海1300千米以上的区域经济增长率再次下降，这个区间是内陆重点城市群的直接腹地，但在大国一体化区域发展格局中仍受沿海的弱影响。显然，沿海三大城市群就是第一章中说到的全国经济“中心”，而内陆重点城市群（都市圈）则应该是仅次于沿海“中心”的“亚中心”。

“亚中心”的出现是“大国经济”区域发展格局的重要特征，在缺乏空间纵深的“小国经济”中可能无法观察到“ω”形三次函数曲线的第二峰值，因为其整个国家完全处于“中心”的直接辐射范围。既然经验实证分析证实了中国区域发展格局存在“ω”形趋势特点，在解读这一分析结论的时候就需要注意，不要简单地套用“中心—外围”格局来对待，而应格外重视“亚中心”（第二峰值）出现的理论意义和政策含义。中部除湖北之外，其他各省份基本都处于沿海三大城市群之一的直接辐射范围内，虽然在“中心”带动下也能实现较好发展，但这一区位不具备形成“亚中心”的可能性，特别是在高速铁路大规模成网的背景下将会更加受到沿海“中心”的“虹吸”限制。西部地区很多省区的自然条件不适宜大规模开发，并且地理区位距离“中心”超过1300千米已处于三次曲线的第二个下降区间。位于中西部地区结合地带的重庆市、四川省、湖北省、陕西省，正好处于形成内陆“亚中心”的适宜区位，距离“中心”600~1300千米。将前述区域发展规律揭示出的中国区域经济空间特征与国家战略所关注的重点区域进行比较，可以发现国家战略的制定充分尊重了经济发展内在规律，国家所选择的“中心”和“亚中心”等战略支撑区域总体都是符合经济发展规律、具有较大发展潜力的区域。

“中心—亚中心—外围”格局符合经济规律、国家战略和国情现实。内陆“亚中心”与沿海“中心”之间是互补与协同关系，而非替代关系。“中心”（沿海三大城市群是代表）对内面向全国发挥辐射带动作用，并与“亚中心”形成有机互动，对外衔接“21世纪海上丝绸之路”；“亚中心”对内主要面向中西部内陆腹地（“外围”区域）发挥引领作用，对外通过沿边“门户”衔接“丝绸之路经济带”。由此可以形成陆海内外联动、东西双向互济的“‘一路’—中心—亚中心—外围（内陆腹地及沿边门户）—‘一带’”国内国际互促双循环新格局。

# 第四章　人口流动偏爱的区域[①]

## 第一节　人口在城乡之间的选择

中国作为世界上最大的发展中国家，具有比较典型的城乡“二元经济”特征，城市化进程中农村劳动力在城乡之间流动就成为一种普遍现象。农业转移人口是全国最重要的流动人口群体之一，因此这里将以农业转移人口作为流动人口的代表，来探讨人口流动偏爱什么样的区域。但在这一群体中的不同个体流动状态和流动轨迹是多种多样的，有的一直留守农村务农，有的进入并长期留在城市做农民工，也有的最初选择进入城市而一个时期后受各种因素影响又重新回流农村务农。正是微观层面众多农村劳动力个体的差异化流动选择，共同构成了宏观经济层面的城市化整体趋势与景象，这种劳动力流动为中国改革开放以来的城市化和经济发展作出了重要贡献，包括劳动力资源在城乡之间的更优配置，以及由此带来的各种间接影响。为了更好实现以人民为中心的发展，应该对影响农村劳动力流动选择的各种因素进行深入研究，这将决定应该如何构建新时代的区域发展新格局。其中，最基础的问题就是，农村劳动力在城与乡之间会如何进行选择，哪些因素影响着他们的不同选择。

### 一、影响乡城选择的潜在经济因素

在外部影响因素方面，多数研究认为城乡二元户籍制度、劳动力市场分割等外部政策环境（孙文凯等，2011；沈坤荣和余吉祥，2011）对人口乡城流动有阻碍作用，可能影响到留守或进城的选择；而对已经进城的农业转移人口，城

---

① 本章大量采用了尹虹潘和刘渝琳（2016b）、尹虹潘和刘姝伶（2020）的研究结论。这里的“区域”是一个基本空间概念，既包括城市与乡村等不同的区域空间，也包括不同地区（如城市、行政区）等区域空间。

市倾向的政策造成了城市内部“新二元结构”让他们难以完全融入城市社会（陆铭，2011），可能是导致回流的重要因素。应该说，上述研究揭示了外部因素对农村劳动力流动选择的整体性、共同性影响，但在共同的外部环境下微观个体的选择仍是不同的，这意味着单纯的“外因”研究难以给出不同流动选择的满意解释。根据马克思主义哲学可以知道，虽然“外因”有重要影响，但其影响只能通过“内因”来发挥作用，不同流动选择最终是由劳动力自身的“内因”所决定的，包括个体和家庭特征以及家乡特征等赋予个体的属性或优劣势“烙印”。

正因为这样，近年来基于微观调查的“内因”研究受到更多重视。有的研究立足城市化演进主流方向而偏重探讨农村劳动力乡城流动过程，认为个体人力资本（刘士杰，2011）、家庭收入水平（黄振华、万丹，2013）、移民网络或人际决策依赖（陆铭等，2013）等自身能力和资源优势对乡城流动有促进作用，特别在当前劳动力质量型结构短缺（吴垠，2015）背景下，个体人力资本在留守与进城的选择中影响更加重要。另一些研究则出于关注弱势群体的目的单独研究农业转移人口回流务农的原因，发现个体人力资本因素（方黎明和王亚柯，2013；胡枫和史宇鹏，2013）、家庭经济因素（杨云彦和石智雷，2012；余敬文和徐升艳，2013）等自身特征有重要影响。然而，不同研究都只是触及了留守、进城与回流的部分选择和局部片断，都没有勾勒出一幅涵盖各种流动选择的完整图景。尹虹潘和刘渝琳（2016a）从理论层面探讨了农村劳动力的流出动力和回流条件，尹虹潘和刘渝琳（2016b）又重点从四个方面梳理了现有理论揭示的可能影响农村劳动力乡城选择的经济“内因”，包括个体人力资本特征、家庭经济特征、家乡整体发展与农村经济特征、家乡移民倾向特征等影响，但这些特征在农村劳动力决定是否离开农村进城务工、进城后是否回流农村务农这两次不同的选择中，对农村劳动力可能会产生不同的影响。

### （一）个体人力资本特征

从经济影响角度看，个体人力资本主要是有助于获得更高收入的各种个体能力或资源。一是性别。城市化进程中的农村人口乡城流动在很大程度上是出于经济动机（蔡瑞林等，2015），基于男女在思想意识和体能等方面的差异，农村家庭中的男性成员进城就业的可能性会大于女性成员。二是年龄。很多就业工种对农业转移人口的精力和体能等劳动能力有较高要求，年龄大小对劳动能力强弱有重要影响。三是受教育年限。相关研究表明受教育情况与收入水平密切相关，教育具有显著的收入回报特征。四是户口城乡属性。在城乡分割的户籍制度及其隐含的差异化社会福利下，获得非农户口而享受到城市的各种公共福利后会更加向往城市生活，短期摩擦失业时也有更好保障来为搜寻新工作兜底。

（二）家庭经济特征

家庭因素可能为家庭成员获得更高收入带来压力、动力，也可能为家庭成员提供资源支持。一是家庭收入水平。家庭收入水平对流动选择的影响，既可能是“穷则思变”式的压力变动力，也可能较好的家庭经济基础对进城务工有支持作用。并且往往收入水平较高的农村家庭，其收入来源构成中都有相当比例的非农工资性收入，这种收入构成本身就可能使家庭成员更愿意接受和选择乡城转移就业。二是未成年子女数。一些研究中采用未成年子女和老人数量加总来体现经济压力，但绝大多数中国农村家庭的老年人只要不是重病在床都会参加劳动，并不是纯粹的被赡养者。而且多数农村老人生活成本极低，远不如未成年人生活与教育支出多，特别是现金支出更少，因此并不一定是经济压力的象征。

（三）家乡整体发展与农村经济特征

家乡所在地经济社会发展水平越高，越有可能就近为农村富余劳动力提供充足的非农就业机会和各种城市公共福利，有利于促进农村人口乡城流动，较高的发展水平也有助于提高当地农村人口的开放发展意识，可以用家乡人均地区生产总值（人均GDP）、家乡人均公共服务支出等指标进行体现。而家乡农村的发展越好，却越有可能抑制农村劳动力的乡城流动，在不能获知受访者本人家庭耕地面积及农业经营收入的情况下，可以用家乡农村人均耕地面积、家乡农村人均经营性收入等指标间接体现。

（四）家乡移民倾向特征

家乡的相关设施为人口流动提供的各种便利，家乡的移民氛围对农村劳动力流动的意识影响等因素。一是家乡农村互联网入户率。主要反映互联网的使用对农村劳动力流动选择的影响。二是家乡高速公路密度。体现了不同区域的交通便利程度,并隐含了人口乡城流动的成本(时间成本、经济成本),以及交通便利长期潜移默化影响的开放意识。三是家乡农业转移人口占全国农业转移人口比重,直接反映了全国的农业转移人口总量中来自不同区域农业转移人口的比重,间接体现社会网络的影响,以及同乡务工收入提高的示范效应。

## 二、不同因素对城乡选择的具体影响

尹虹潘和刘渝琳(2016b)使用2013年中国综合社会调查(CGSS)微观数据,按照“农民”和“农民工”的口径对样本进行了筛选,并根据样本个体家乡所在的省份,基于国家统计局“国家数据”数据库的相关统计指标、对应年份的全国农民工监测调查的相关数据整理计算了与之相匹配的家乡所在地影响因素变量数据,以此对上述;四个方面经济“内因”的影响进行了计量经济分析检验。[①]具体做法是,把城市化进程中不同农村劳动力样本的流动选择归结为三个组别:其一是始终留守在农村从事农业生产的(简称“留守组”),受访时务农且从未有过非农工作经历的纳入该组别;其二是进入城市就业生活且未回流农村的(简称“进城组”),受访时在城市从事非农工作的纳入该组别;其三是曾经进城但后来又回到农村务农的(简称“回流组”),曾经有过非农工作经历但受访时在农村务农的纳入该组别。

假设初始时所有农村劳动力(即包括后来分化出的全部三个组别)都在农村就业生活,而三个组别的分化是经历过两次选择后逐步形成的。在城市化进程中的第一次选择时,部分人选择一直留在农村务农(形成了留守组),另一部分人则怀着提高收入的经济动机转移到城市就业成为农民工(包括后来的进城组和回流组两个组别)。农业转移人口进城后将面临第二次选择,一些人的预期目标得到很好满足,选择继续留在城市务工(形成了进城组),另一些人或许没有获得预期的高收入,或许面临其他问题,选择重新回到农村务农(形成了回流组)。图4-1是农村不同人口(劳动力)群体在整个过程中两次选择的简单示意。

① 这里仅列出基本分析思路和主要结论,详细分析过程详见尹虹潘和刘渝琳(2016b)。

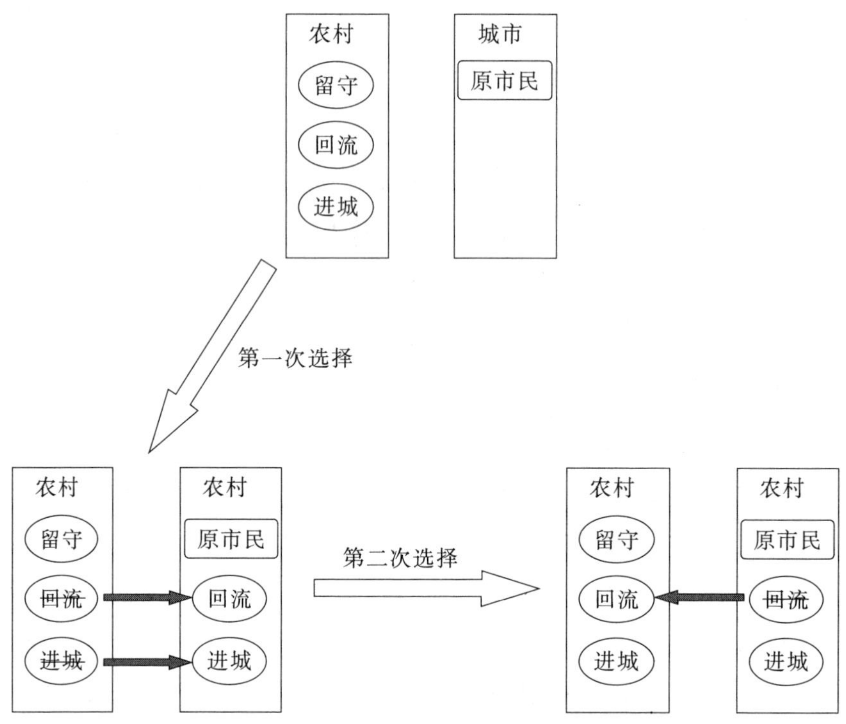


**图4-1　农村人口(劳动力)留守、进城与回流的选择过程**

(一)流出与不流出农村的选择

始终留守的群体与第一次流动选择中流出的群体显然就存在差异;而在流出农村的不同个体中应该也有一些特征差异,这些差异在是否流出农村的选择中未表现出显性结果,却早已为后来的分化埋下了伏笔。基于经验实证分析,得出的主要结论包括以下几个方面。

1.个体人力资本特征的具体影响

与留守组对比,性别为男性、相对更小的年龄(但所选样本的年龄均在18岁以上)和更高的受教育水平、拥有非农户口都对城乡流动有显著促进作用,并且无论是后来留在城市的进城组,还是重新回流务农的回流组都表现出比留守组更高的人力资本水平。这表明回流组在最初选择进城时可能并非完全是出于对城市的新奇或一时冲动,而是对自己在城市获得更高收入有一定自信,并且这种自信并非完全没有依据。其中,男性对进城的促进,可能既由于“男主外、女主内”传统思想的影响存在,也更因为男性在体能上的优势可以更好地适应农业转移人口就业相对较多的一些体力型工作;年龄小则具有体能和精力等劳动能力优势,因此很多农业转移人口都是趁年轻时进城务工,随着年龄增长劳动能力减弱,进城意愿减弱;受教育情况通过对教育回报(收入)的预期影响着农村人口的流动选择,通常受教育年限长的群体预期转移就业收入更高,更有乡城流动意愿,而已经进城的农业转移人口中受教育年限长的也更有可能获得高收入而更少选择回流农村。

2.各项家庭经济特征的具体影响

家庭相对收入水平和未成年子女抚养压力,对流出农村群体整体的影响都不显著,这可能是两个组别混合在一起掩盖了各自的特征。细分两个组别之后可以发现,进城组拥有显著更好的家庭经济水平,这个结果表明家庭经济条件好对于进城务工有促进作用;而回流组拥有显著更多的未成年子女,有抚养子女带来的更大家庭经济压力。因此更可能的是,进城组更大程度上是基于家庭经济支撑,主动进城追求更大发展;回流组则是更多未成年子女抚养经济压力大,被动进城为养家糊口。

3.家乡整体发展与农村经济特征的具体影响

以留守组作为基准,对流出农村这个群体整体而言,家乡经济越发达越有助于促进乡城流动,现实中的农业转移人口确实有相当数量是在省内就业的,家乡经济发达为此带来了更多机会和便利;人均耕地面积和人均农业经营收入水平则对非农转移有负向影响。但分组别来看,可能是进城组受家乡发展水平的影响更大,而回流组的家乡发展水平并不比留守组显著更高;但农业经营收入对两个组别都有显著负向影响。

4.家乡移民倾向特征的具体影响

仍以留守组作为基准来看,进城组的乡城流动同时受新兴互联网渠道和传统移民网络(以家乡农业转移人口占全国农业转移人口比重体现)两方面的显著促进,而回流组主要只受到移民网络这一传统人际关系方式的促进。互联网对农村劳动力流动的影响是客观存在的,互联网获取信息的便利,使农村人口更加感受到城乡之间的差距而越发向往城市就业与生活,同时也能通过互联网来便捷获知更多的城市就业需求信息,以帮助自身获得城市中就业机会。

### （二）留在城市与回流农村的选择

在第二次选择中重新回到农村务农的回流组，与继续留在城市的进城组必然也存在某些差异，这一点在前面以留守组作为基准的分析中已经得到了部分体现。进一步直接将进城组与回流组进行对比，则可以发现更多的差异，具体包括以下几个方面。

1.个体人力资本方面

性别没有显著影响，但年龄更大、受教育水平更低，未拥有非农户口都对回流农村有正向影响，除性别外回流组的个体人力资本水平都显著低于进城组，年龄增大使劳动能力降低，受教育水平低制约获得更高收入，以及缺少城市户口带来的保障支撑等因素在选择回流的群体身上再次得到了体现。大致可以认为，回流组在个体人力资本方面处于三个组别的“夹心层”，总体上高于留守组，但与留在城市的进城组相比又有显著劣势，可能是其人力资本水平没有达到某些“门槛”而不足以支撑其在城市长期稳定就业和生活。

2.家庭经济特征方面

家庭相对收入水平更低、未成年子女数量更多对回流农村有促进作用，这表明在农业转移人口就业非正规性和不稳定性的特征下，家庭经济条件好的农业转移人口至少在其短暂失业时可以在家庭支持下花费更多时间耐心寻找新工作，减少了回流的概率。而过多的未成年子女，为长期留在城市就业带来后顾之忧，可能是因为城乡二元制度下未成年子女难以随迁城市入学而只能留守农村，如果未成年子女数量偏多，则只好选择回乡照顾子女而放弃在城市就业。

3.家乡经济特征方面

相对落后的家乡交通基础设施对回流农村有正向促进，这既可能与农业转移人口每年“候鸟式”的城乡往返不便及流动成本高有较大关系，也可能与前面所说交通便利性隐含的对当地人口的开放发展意识有关。而互联网接入和移民网络等因素对是否回流没有显著影响，这也符合常理，通常这些因素是作为农村劳动力进城之前获取相关信息的渠道，在农业转移人口进城之后其功用自然就减弱了。

采用不同的计量经济经验实证模型进行分析，得到的结果并没有太大改变，由此可以认为这些结论总体是稳健可信的。基于这些结论来进行分析，农村劳动力的留守、进城与回流可能是这样发生的：在城市化进程中，城乡收入差距对农村劳动力产生了巨大吸引力。一部分人在评价了自身人力资本和其他条件后觉得没有能力进城挣钱，于是选择留守农村安心务农；另一部分人觉得自己还有一定能力，加上家中未成年子女多、抚养压力大，于是索性在老乡带动下进城务工，希望获得更高收入来养家糊口；还有一部分人，自身能力相对较强，家庭条件也好，为了寻求更好发展，通过互联网获取信息和老乡等社会网络的带动也进城了。但选择进城这两拨人的命运也不尽相同，觉得自己还有一定能力的那拨人进城一段时间后发现可能高估了自己的能力，城里的钱也没想象的那么好挣，在短暂摩擦失业时每天生活开支不小、家庭经济条件不允许长时间在城市里这么耗着，加上家中未成年子女多也需要照顾，最后只能选择重新回流务农；而自身能力强、家庭条件好的那拨人，较强的能力使他们获得了更高收入，即使短暂失业，家庭经济条件较好也足以支撑他们花费更长时间去寻找新工作，而不必急着回农村，于是一直留在了城市。

## 第二节　人口在地区之间的选择

中国既是一个发展中的“二元经济”国家，也是一个幅员辽阔、人口众多的“大国经济”国家，这两方面的特点集于一身。在“二元经济+大国经济”的条件下，以人民为中心的城市化与区域协调发展具有内在一致性，其微观逻辑的基础是农业转移人口为追求美好生活而进行的空间流动，不仅是从农村到城市的乡城空间流动，同时也可能是从家乡到另一个区域和城市的区际空间流动。

### 一、流入地区选择的基本微观机制

“人往高处走”的俗语体现了人们为追求生活改善而积极上进的奋斗方向，但也有研究表明农业转移人口并不是一味只往“高处”走，距离家乡近的“近处”也是农业转移人口偏爱的一种选择。到底是“高处”还是“近处”对农业转移人口更有吸引力？事实上，农业转移人口就地或就近乡城流动与跨区域到沿海发达地区的远距离乡城流动，长期并存于中国改革开放以来的城市化与区域发展进程中。正因为如此,才有上述一些研究把就地或就近的“近处”城市化与远距离流向沿海的“高处”城市化割裂开来,甚至形成对立的观点。

（一）“高处”与“近处”的争论

在中国改革开放以来的城市化进程中,一般认为农业转移人口进城务工经商的首要目标是获得高收入(蔡瑞林等,2015)。由于就业机会、(相同教育水平的)教育回报率(邢春冰等,2013)等都存在显著的地区差异,选择流入不同的地区就可能会有不同的收入,从这个方面来看沿海发达省份无疑是农业转移人口心中的“高处”。正是基于农业转移人口这种选择动机,陆铭和陈钊(2008)认为在经济向东部沿海集聚的同时应促进劳动力跨地区流动和土地开发指标跨地区交易,并主张在集聚中走向平衡的城乡和区域协调发展“第三条道路”。此后,陆铭(2013)等一系列相关研究也都主张促进劳动力流入沿海发达地区的城市,在全国范围内有效配置相关资源,提高城市化水平和经济发展效率。

家乡本身就在沿海发达省份的农业转移人口,可以就地享受到“高处”带来的各种福利。但中西部内陆相对欠发达地区的农业转移人口只会流向“高处”吗?现实中可能并非如此。首先,“高处”可能存在容量的约束,刘文勇和杨光(2013)发现农民进城与城市吸融功能不足之间存在矛盾,主张以城乡互动为基础推进就地或就近(即“近处”)城市化,并认为这是结合中国国情的一种高质量城市化发展模式。其次,由于中国“大国经济”下的区域空间格局,沿海这个“高处”对广大内陆的农业转移人口来说也是一个“远处”,迁移距离增大带来的直接影响是更高的流动成本,还会间接带来远离家乡的精神成本及语言沟通(刘毓芸等,2015)、文化习俗、饮食习惯等一系列的融入成本。迁移距离越大则各种有形和无形的成本都可能变得更高,从这个意义上说人往“近处”走是更好的选择。

国家统计局《2013年全国农民工监测调查报告》的抽样调查结果显示2013年全国农民工(农业转移人口)总量26894万人,但只公布了区分东、中、西部的来源构成,难以清晰把握农业转移人口的具体区域流向及选择机制。对此,不妨将本章第一节中进城组(即进城后没有回流农村)的样本数据来做进一步分析。相关样本个体的家乡省份和实际选择的非农就业流入省份涉及中国其中28个省市(不含港澳台地区,西藏、新疆、海南3个省区的样本)。样本反映出农业转移人口对“高处”和“近处”有不同的选择。第一,选择“近处”。有流入省内各级城市的,如四川、山东等都是省内乡城转移样本个体较多的省份,这源于相关省份既有较多的农业转移人口总量,本省份内也有一定的能力吸纳,其他多数省份也都有不同数量的省内乡城转移样本个体,并且在整个农业转移人口中占的比例较高。也有流入邻近省份城市的,如河北、河南农业转移人口流入北京,安徽、江西等农业转移人口向上海、江苏、浙江的流动,河南、江西向湖北流出的农业转移人口,四川的农业转移人口大量流入重庆和贵州等,这可能源于邻近省份有较大的劳动力需求。第二,选择“高处”。如西部相关省份的农业转移人口向沿海发达省份的流动等,可能主要是由于发达地区较高收入预期的吸引。当然,对家乡本身在沿海地区的农业转移人口而言,“高处”与“近处”是天然重叠在一起的。样本反映出的区域流向特征与已有研究的结论一样,仍然是“高处”与“近处”并存,难以找出其中的规律。

### (二)“高处”与“近处”的权衡

在两种不同观点基础上,尹虹潘和刘姝伶(2020)基于本章第一节中进城组的样本个体进行了分析,对农业转移人口往“高处”走还是往“近处”走这两种看似不同甚至对立的选择,给出了辩证统一的解释,即农业转移人口的选择并不是非此即彼的,而是在“高处”与“近处”之间进行权衡,找到一个令自己满足的平衡点。

由于不同农业转移人口个体对所有省份的好恶评价无法得知,因此只能根据他们实际流入的区域来进行判断,这是一个具有较好显示性的判断标准,实际流入的区域应该就是受农业转移人口在给定其他约束条件下相对更偏爱的区域,反之则是其相对不那么偏爱的区域。尹虹潘和刘姝伶(2020)就农业转移人口样本个体这种可被观察到的现实选择,重点考察了增收预期与迁移距离对农业转移人口区域流向选择的影响。增收预期方面,家乡省份的农村和流入省份的城市不同的收入水平,共同决定了迁移可能带来的经济回报增长(即增收预期),增收预期的高低可以衡量农业转移人口是否流向了“高处”。

迁移距离方面，家乡和流入地的地理位置共同决定了迁移距离，迁移距离可以衡量农业转移人口是否流向了“近处”。

尹虹潘和刘姝伶（2020）基于计量经济实证分析结果表明，增收预期对农业转移人口的流入地选择有较大的显著正向影响，能获得更高城市收入的区域将成为农业转移人口愿意选择的流入地。而迁移距离对农业转移人口的流入区域选择有显著的负向影响，迁移距离越大各种有形和无形的成本都越高。所以，农业转移人口无论是选择省内或邻近省份“近处”城市化还是远赴沿海发达省份“高处”城市化都不是盲目的，取决于不同个体对高收入与近距离之间的权衡结果。这一结果是在控制了不同流入区域系列特征（包括流入地就业机会、生活成本、就业环境等）、农业转移人口个体特征（包括性别、年龄、文化水平、就业经历等）及家乡特征（包括家乡通信、交通等便利情况等）的前提下得到的，并且结果总体稳健。两种看似不同甚至截然对立的城市化模式，背后是农业转移人口相同的流向选择机制和影响因素，之所以呈现出不同选择结果，既可能与不同个体家乡发展水平（家乡越发达越不愿远迁）、所处区位（家乡不同则距离沿海或其他任意地区的远近就不同）等因素有关，也可能与不同个体对高收入、近距离的偏好不同有关。

## 二、不同区域特征对流向选择的影响

### （一）流入地就业机会

现有研究认为，流入地产业结构（特别是制造业发展水平）决定了农业转移人口的制造业就业机会多寡，而流入地原市民的教育层次决定了其提供技能互补型就业机会的多少。（1）工业化率。经济（产业）结构是影响农业转移人口就业机会的重要因素，因为当前中国的某些产业（如劳动密集型制造业）对劳动力素质的需求与同期农业转移人口的实际素质基本是吻合的。工业化率是较好体现产业结构特征的指标，但现有很多研究在不考察区域工业化发展历程的前提下简单使用工业占比等时点截面指标衡量工业化水平的做法并不可取，尹虹潘（2019a）构造的工业化率单一指标能更好反映三次产业结构演进所达到的高度。此外，三次产业结构变迁对农业转移人口就业机会的影响未必是线性或单调变化的。（2）教育层次。流入地的原市民与外来劳动力的分工也是影响农业转移人口就业机会的重要因素，往往流入地的人均教育层次（人均受教育年限）越高，则原市民越不愿意接受一些低技能的岗位，而这些岗位又是城市运转不可缺少的，正好为农业转移人口提供了就业机会，这体现了一种城市高、低技能劳动力之间的互补性（梁文泉和陆铭，2015）。

尹虹潘和刘姝伶（2020）的研究表明，流入地的就业机会是农业转移人口较为看重的因素，这不难理解，没有就业机会的地方不可能带来收入的增长。具体地，前述两个方面的不同因素都在影响农业转移人口的就业机会。（1）流入地工业化率带来的影响方向呈倒"U"形变化，这与工业化演进的一般规律及中国农业转移人口的实际相吻合。在尹虹潘（2019a）的工业化率指标构造方法下，倒"U"形左半段主要对应以传统工业、建筑业、生活性服务业等为代表的劳动密集型产业不断发展壮大，表现为对劳动力"量"的需求，农业转移人口愿意并且能够满足相关需求，这与范剑勇等（2004）发现农村劳动力主要选择大中型城市的工业与建筑业一致。倒"U"形右半段主要对应第二产业发展到一定水平之后的产业技术升级以及中高端生产性服务业发展，对劳动力逐渐从"量"的需求转换为"质"的需求，农业转移人口素质不能完全适应新需要，进入工业化率高的区域就业就存在较大难度，李拓和李斌（2015）也发现第三产业发展会对外来人口流入产生抑制。（2）流入地整体教育层次（人均受教育水平）对吸引农业转移人口进入有显著正向影响，说明城市原市民与流入的农业转移人口确实存在就业层次分工与互补，原市民的教育层次越高代表城市中高技能就业者可能越多，而由此带来的技能互补型就业岗位也就会越多。

### （二）流入地生活成本

农业转移人口进城就业提高收入的目的不只是为了自己过得好，还需要通过汇款等方式帮衬继续留在农村的其他家庭成员，如父母、配偶、子女等，因此他们希望自己在流入地城市中的生活成本更低，生活成本包括食品成本和居住成本等。（1）食品成本。食品消费支出是一种刚性生活成本，流入省份城镇人均食品消费支出可以体现食品成本。在个体收入一定的前提下，食品支出越少则节余就会越多。（2）居住成本。高波等（2012）发现城市相对房价升高导致相对就业人数减少，实际上就是房价对农业转移人口区际流动的影响。

以流入省份的城市住宅均价除以农业转移人口的个体收入(实际上是个体的房价收入比)可以反映出其居住成本负担的大小。虽然大多数农业转移人口自己并不购房,但其租房所需支付的租金在很大程度上取决于拥有住宅者的购房成本,因此个体的房价收入比也可以衡量其对房屋租金的承受能力。

尹虹潘和刘姝伶(2020)的研究表明,生活成本是影响农业转移人口流入的负面影响因素。具体而言,流入地不同则生活成本也可能存在差异,过高的居住负担(房价)和过高的食品支出等日常生活成本都是农业转移人口所不愿意接受的,这会在他们收入一定时降低其在城市就业生活的收支结余,仍然留在农村的家庭成员将不能更好地分享他们进城务工带来的收入增长福利。因此,较高的居住和食品等生活成本,可能会减少农业转移人口的净收入结余,进而制约农业转移人口的流入。

### (三)流入地就业环境

现有研究也发现就业与生活的软环境,同样可能对农业转移人口的流向选择产生影响。(1)公共服务。李拓和李斌(2015)的研究表明,收入和公共服务都会影响到人口流动的决策,董理和张启春(2014)发现地方政府公共支出对净迁移人口有正影响。尹虹潘和刘渝琳(2016a)在理论分析中也将收入和公共服务都纳入了农业转移人口的"效用函数"中,但认为两方面需求存在层次上的差异,其中公共服务是相对更高层次的需求,在相对低层次的需求(即收入增长带来的物质生活改善)没有得到充分满足之前,农业转移人口对公共服务的需求不会那么迫切。夏怡然和陆铭(2015)的实证分析结论能够支持尹虹潘和刘渝琳(2016 a)的理论观点,他们既发现公共服务是劳动力流动的重要目标,也指出公共服务影响劳动力流向的作用小于工资对劳动力流向的影响,因此不能高估公共服务的作用。(2)劳动保护。政府对劳动者合法权益的保护是体现就业环境的另一项重要因素,各省份最低工资标准占城镇人均可支配收入的比例能够在一定程度上体现劳动保护程度。劳动保护程度提高既可能会因为改善了劳动环境而带来农业转移人口流入增加,也可能由此加大生产成本迫使企业减少用工需求(如用机器代替工人)而降低农业转移人口流入量。

尹虹潘和刘姝伶(2020)的研究发现,公共服务的影响总体上不如收入的影响大,也许当农业转移人口的收入更高时会更看重公共服务。具体来看,人均公共服务支出体现政府提供公共服务的直接投入来源,显示出了对农业转移人口流入的显著正向影响,虽然很多公共服务并没有做到对原市民和农业转移人口完全公平,但近年来有越来越多地按照常住人口的口径覆盖到在当地就业的农业转移人口,这也是农业转移人口所看重的。并且,与尹虹潘和刘渝琳(2016a)的理论观点以及夏怡然和陆铭(2015)的实证分析结论一致,公共服务的影响远小于增收预期,表明高收入比公共服务的吸引力更大。以最低工资标准相对水平来体现的政府劳动保护对农业转移人口流入没有显著影响,这与梅新想和刘渝琳(2016)的结论可以相互印证,其原因可能是如上所说的,劳动保护程度提高具有方向相反的双重影响效应。

## 第三节　人口流向选择揭示的重点发展区域

中国"二元经济+大国经济"的特点,必须始终遵循的微观逻辑是农业转移人口的流向选择意愿。新时代的城市化应该更加尊重并帮助农业转移人口在城市化进程中实现符合他们自身意愿的乡城流动,这应该是最基本的要求;与此同时,促进区域协调发展也必须从板块总量平衡的思维转向以人人平等享有美好生活为导向,优化人口的区域再分布成为必然选择。农业转移人口基于"高处"与"近处"权衡的区域流向选择微观逻辑,正好契合了第一章中以"中心—亚中心—外围"分层次集聚思路优化全国区域协调发展格局的设想,为新时代协同推进以人民为中心的城市化与区域协调发展找到一个有机结合点和有效着力点,并且这也是构建以国内大循环为主体、国内国际双循环相互促进的新发展格局的重要基础。

### 一、沿海三大城市群已经成为经济"中心"

首要的任务是面向已经在东部沿海地区(特别是三大城市群)稳定就业生活的农业转移人口,积极稳妥推进市民化,有序放宽各级城市落户条件,让农业转移人口本人及其家庭成员可以在其稳定就业的城市落户,并平等获得各项基本公共服务,共享就业所在地的发展成果。在大城市稳定就业生活的农业转移人口往往有稳定收入,从人们的需求层次分析来看,有稳定就业的农业转移人口将是对公共服务有更大诉求的群体,应该通过平等提供基本公共服务体现对他们区域流动选择的尊重,以及对他们为流入地发展所作重要贡献的承认。

此外,应该在三大城市群及沿海其他发达省份的二线城市拓展城市化空间,凭借良好的产业基础继续吸纳全国各地的农业转移人口流入,既满足微观层面人往“高处”走的需求,也在宏观层面更好发挥沿海地区的集聚优势。一线城市大多已进入高工业化率阶段(对农业转移人口就业的倒“U”形影响进入到右半段),产业与技术升级逐渐压缩低技能制造业和建筑业等就业岗位,高技能岗位增加所能创造的互补性低技能服务岗位有限,且大量被家乡在沿海省份的农业转移人口占据,因此沿海二线城市应该成为集聚农业转移人口的重点区域。同时也应注意匹配二线城市的产业结构升级节奏与农业转移人口技能素质,避免过早“脱二向三”影响对农业转移人口的吸纳能力。

**二、内陆有适宜的区域构建经济“亚中心”**

以沿海三大城市群为代表的经济“中心”虽然可以提供更高的收入,但对广大中西部内陆省份的农业转移人口来说迁移距离较远,因此在“高处”与“近处”的权衡之下并不是所有人都愿意且能够向沿海“中心”集聚。除了沿海地区本身作为“远处”带来的各种不利影响之外,沿海作为发展水平较高、产业结构较为高级的特点,会对劳动力的素质提出越来越高的要求,也使得中西部很多学历与素质层次偏低的农业转移人口并不一定能在沿海地区获得适宜的就业岗位,部分研究指出的高技能人才集聚可以创造低技能就业岗位,这也许在短期内并不足以解决大量的低素质农业转移人口就业需求问题。在一些发达国家城市里,高技能岗位与为之服务的低技能岗位数量大致是1比1(Moretti,2012)。就中国而言,沿海发达省份高学历高技能群体相对更大,能比中西部省份创造更多与高技能岗位互补性强的低技能岗位,如家政、餐饮等消费性服务业岗位(陆铭,2017)。但毕竟高技能人才比例不高,大城市平均不到6%、小城市甚至不到2%(梁文泉、陆铭,2015),因此依靠这种学历或技能层次互补而直接创造出的岗位也不会太多，按1比1计算大致就是2%~6%的比例[①]，就业容量远小于制造业和建筑业等第二产业的低技能岗位，因此不足以改变宏观层面工业化率提高对农业转移人口流入的倒"U"形影响拐点出现，而且这类高低技能互补型就业岗位可能更多被家乡在沿海省份的农业转移人口因"近处"的便利而占据了（尹虹潘和刘姝伶，2020）。

地处内陆的重庆、四川、湖北、陕西四省市都有副省级及以上城市，是中西部内陆地区发展水平较高的区域，在"一带一路"建设和长江经济带发展背景下还有较大的上升潜力。该四省市（特别是成渝地区双城经济圈）所处区位与沿海三大城市群的距离比较适中，不会因为离沿海地区太近而受其经济"屏蔽效应"的较大影响，也不会因为过度远离沿海而给区际对接造成阻碍，正处于从沿海到内陆"〜"形区域经济发展水平变化趋势中由第一个峰值（东部）下降到第一低谷（中部）后再次向第二个峰值上升的区间，具备成为全国经济"亚中心"的多种有利条件。对家乡在内陆其他欠发达省份的农业转移人口而言，该四省市在经济发展上是"较高处"，在迁移距离上是"较近处"，与沿海地区的城市相比还有房价更低、生活成本更低等多方面优势，综合来看也是两难权衡下兼具"高处"与"近处"两方面吸引力的一种较好选择。安虎森和刘军辉（2014）指出农业转移人口可能先向发达地区转移、发展到一定阶段后再反向流动。而工业化率倒"U"形影响趋势也意味着，当沿海发达省份进入高工业化率阶段后，内陆重点区域（而非全部省份）在吸纳农业转移人口方面可以有更大作为。比如，四川的省内城市化人口规模很大，重庆也吸纳了较多四川等周边省份的农业转移人口，湖北对中部各省有一定吸引力。如果作为"亚中心"得到更大发展，四省市可以更好地发挥在全国新型城市化和区域协调发展中的重要作用。

---

① 2013年（与本章采用的CGSS数据年份一致），上海市第三产业增加值占地区生产总值比重为62.2%，现有研究中指出的由高技能岗位创造的互补性低技能消费服务业岗位大致对应"住宿和餐饮业"和"居民服务、修理和其他服务业"，根据《上海市第三次经济普查主要数据公报（第一号）》（普查时期为2013年）计算前述两个行业从业人员占全市从业人员总量的5.5%。如果用梁文泉和陆铭（2015）整理的大城市高技能人才比例5.97%，按1比1计算创造的互补性低技能消费服务业岗位，其结果可以与经济普查相互印证。

### 三、分层次集聚有助于全国区域协调发展

我们不主张单纯在沿海三大城市群“黑洞”式地吸引农业转移人口集聚，收入增长未必能完全弥补远距离迁移的其他福利损失，毕竟人民的美好生活不仅仅是经济收入，离家乡近能留住“乡愁”也很重要；但我们也不主张过度分散的完全就地城市化，集聚仍是农业转移人口获得更高收入、国家整体实现更大发展的基础。在全国形成“中心—亚中心—外围”分层次集聚的区域协调发展格局是更好的选择，其中沿海“中心”以沿海三大城市群为主体，吸纳沿海各省份农业转移人口（“高处”与“近处”重叠）、中西部腹地有较高收入增长诉求的远迁城市化人口（更偏好“高处”），是全国最主要的集聚发展区域；内陆“亚中心”包括重庆、四川、湖北、陕西四省市内的重点城市群（都市圈），吸纳本省份及广大中西部腹地有一定收入增长诉求但又不愿意迁移太远的农业转移人口（对“高处”与“近处”的平衡），是内陆地区最重要的集聚发展区域；“外围腹地”是接受“中心”或“亚中心”辐射的其他省份，主要依托省会（首府）城市和重点地级城市吸纳对收入增长诉求相对较弱（但仍有增收需要）的省内城市化人口（更偏好“近处”），县城及小镇则建成特色小城市（镇），重在留住“乡愁”而不以规模论英雄。

从城市化的角度看，农业转移人口都能按自身意愿从农村进入城市，实现了以人民为中心的城市化向前发展。从区域协调发展的角度看，沿海“中心”吸纳更多人口集聚、借助集聚经济为新老市民提供更美好的生活，“外围”腹地因超荷人口流出而提高了人均意义上的发展水平、更有条件为人民创造美好生活，内陆“亚中心”则是基于“大国经济”实际而对“中心—外围”这种简单化、理想化格局的改进，宏观层面为“中心”与“外围”之间建立起有机连接的传导“中继”，微观层面为那些在“高处”和“近处”之间难以取舍的农业转移人口提供一种新的较好选择。农业转移人口因不同区域流向选择带来的结果，看似存在收入高低等差异，但最终选定的区域应该都是在各自差异化的“效用函数”下能为其带来相对美好生活（不单是更高收入）的区域。

# 下篇

# 如何构建内陆『亚中心』

构建内陆“亚中心”意义重大，但必须真正把内陆“亚中心”构建起来，才能更好促进全国区域协调发展变成现实。有的学者认为只要遵循发展规律就好，不要人为干预，其理由是：如果发展规律能引致某种发展结果，那又何必用政策去推动，反正最终会是那样的结果；反之，如果发展规律决定了不能达到某种发展结果，那又何苦用政策去改变，反正最终难以实现那样的结果。在这种观点之下，似乎讨论如何构建内陆“亚中心”是一个完全没有意义的事情。前述观点看似有道理，但却片面强调了发展规律下的市场自发调节机制，忽视了政府在经济发展（资源配置）中的重要作用。我们认为，违背发展规律的政策干预是不可取的，但在顺应发展规律的前提下，施加一个“加速度”从而更早或更好达到应有的结果未尝不可；此外，如果发展规律决定了不同外部约束条件下可能引致多种结果，也应该可以在遵循发展规律的前提下，通过改变外部约束条件引导发展路径向着更优的结果去演化。这似乎才是对“使市场在资源配置中起决定性作用，更好发挥政府作用”的全面理解。

事实上，改革开放以来中国一直在不断优化区域经济发展格局，效率与公平是其中的重要考量。改革开放初期沿海开发开放迅速提升综合国力，但东西差距随之拉大，调整区域布局的呼声逐渐增加。在世纪之交逐步形成全面覆盖四大板块的区域发展总体战略，助推形成统筹区域发展的布局。但这一时期对经济集聚或分散（非平衡与平衡）发展的讨论，要么从局部区域着眼聚焦于单个城市，要么从全国着眼聚焦于大区域板块，对于逐渐形成与壮大中的城市群（都市圈）等空间经济载体形态还缺少深入的认识。党的十八大以来区域高质量协调发展成为新时代新要求，“一带一路”及系列重大区域战略引领优势地区发展（金碚，2015），贫困地区也更受重视（孙久文等，2019）。分散发展效率损失大，依托中心城市、都市圈和城市群集聚发展渐成共识，但哪些城市群（都市圈）应作为集聚发展的重点意见不一。有的研究认为扶持“外围”地区发展违背规律，强调农业转移人口应该向沿海“中心”集聚，也有研究指出片面强调沿海集聚会带来无效率膨胀。也许这些观点都有其合理性，但也都不够全面，“大国经济”的超大规模特征将可能使中国形成更多中心城市和城市群（都市圈）。国内各地发展水平随着远离沿海大港口而呈“∞”形三次曲线变化趋势，第一峰值是已经成为全国第一层级集聚发展区域的沿海“中心”，第二峰值表明部分内陆重点城市群(都市圈)有成为全国第二层级集聚发展区域的潜力，即内陆地区有条件构建“亚中心”，与沿海地区联动可以形成“中心—亚中心—外围”的空间经济结构以及与之对应的分层集聚区域发展机制，有助于全国区域协调发展与全面对外开放，形成国内国际双循环相互促进的新格局。

相关研究发现，放松户籍使劳动力流动性增加，将加强北京、上海、广州和重庆等中心城市在中国城市等级体系中的主导地位(Bosker等，2012)，这与本书的“中心—亚中心—外围”格局以及沿海“中心”、内陆“亚中心”的主要承载区域分析结论是吻合的。在上篇中也已经初步提到重庆、四川、湖北、陕西四省市等区域(以下简称“渝川鄂陕”)适宜作为内陆“亚中心”，但其他地区为什么不如渝川鄂陕？东部沿海地区已然成为全国的经济“中心”。西部地区一半省份处于胡焕庸线西北面，发展条件较差，位于胡焕庸线东南面的云贵高原也受到自然条件和腹地不足等限制。中部地区发展条件较好，但除湖北外均直接与东部沿海地区相邻，受其“屏蔽效应”影响而难以成为具有全国影响的经济中心。东北三省目前面临一定的转型困难，我们相信其中的问题终会得到解决，但腹地不足使其难以成为全国性的经济中心。唯有渝川鄂陕区域的成渝、武汉、关中等内陆重点城市群(都市圈)在自然条件、经济区位、自身基础、腹地支撑等方面都较为优越，适宜成为内陆“亚中心”。

成渝、武汉、关中三个重点城市群(都市圈)在内陆“亚中心”构建中各有独特的作用，但从人口与经济规模、空间特征与区际关系的复杂性、周边腹地市场支撑等方面看，成渝都是其中更有代表性的城市群，率先把成渝地区双城经济圈建设好无疑具有较好的引领和示范作用。但1997年重庆直辖之后川渝区域政策变化使得区际(城际)关系更加复杂和微妙，未来在政策性他组织与规律性自组织的双重影响下，应坚持国家顶层设计指导，将政府与市场相结合、城市群(都市圈)发展一般规律与跨省“双核”特点相结合，以新型竞合关系为基础，推动高质量一体化发展，更好服务国家战略意图和目标，并提升自身区域经济地位。武汉、关中等都市圈对“亚中心”的构建也非常重要，但限于篇幅，本书不做更详细探讨。

之所以强调以内陆三个重点城市群（都市圈）为基础来构建内陆“亚中心”，就是看重其集聚发展的能力，但与沿海三大城市群相比，成渝、武汉、关中等内陆重点城市群（都市圈）的集聚水平还存在差距。集聚可以带来更平衡更充分的发展，而“亚中心”在多方面都处于全国的中间层，使得“亚中心”的进一步集聚发展可以推动形成有利于全国区域协调发展的“中心—亚中心—外围”分层集聚格局，因此增强“亚中心”的集聚能力便是重中之重。更顺畅的内外通道体系、更具引领与示范作用的代表性城市群、更强大的产业基础支撑、更完善的综合保障，都有助于提升“亚中心”的集聚能力。

由于如何构建内陆“亚中心”涉及的事项很多，本书难以穷尽，故只能选择几个重点方面进行初步探讨。在下篇中共包含三章的内容。第五章将渝川鄂陕区域与全国其他各地区进行比较，指出该区域更适合成为中国内陆“亚中心”，并分析了其内部各城市群（都市圈）的特点和地位。第六章以成渝地区双城经济圈为代表案例，窥探“亚中心”内部重点城市群（都市圈）的建设问题，其中部分思路也是适合武汉都市圈和关中都市圈建设的。第七章主要从增强集聚发展能力的角度提出构建内陆“亚中心”的若干思路和举措。

# 第五章　“亚中心”范围与结构

## 第一节　“亚中心”的载体区域

重庆、四川、湖北、陕西四省市（对应成渝、武汉、关中三个内陆重点城市群或都市圈）是内陆地区各方面条件都较为优越的区域，适宜构建内陆“亚中心”。但为什么是这个区域范围，而不是其他区域，还需要在此做进一步说明。不妨把中国其中31个省份（不含港澳台地区）按照地理位置简单划分为东部地区、西部九省区（在西部地区中剔除重庆、四川、陕西）、中部五省（在中部地区中剔除湖北）、东北地区、渝川鄂陕（即本书认为适宜构建内陆“亚中心”的四省市）。本节中将对这五个区域板块的基本发展条件进行一个轮廓式的分析比较，以便回答为什么渝川鄂陕是相对较适宜构建内陆“亚中心”的载体区域。

### 一、东部地区已成为“中心”

中国东部地区，特别是沿海三大城市群已经成为全国经济集聚发展水平最高的区域，是全国的经济“中心”，所以内陆“亚中心”的范围分析可以直接排除东部地区，但这里我们还是对东部地区进行一个简要分析。对于现代意义上的经济集聚发展而言，整个沿海地区都有不错的自然条件，并且很多地区近代以来已经有发展开放型经济的良好基础，改革开放40多年来更是取得了新的巨大发展成就，在21世纪海上丝绸之路建设中发挥着重大作用。

改革开放初期，紧邻港澳的广东成了设立经济特区的首选区域之一（海南于1988年建省及设立经济特区，此前海南也隶属于广东省），在较短时间内就取得了积极的发展成效。特别是珠三角的发展非常迅速（粤北、粤西、粤东区域的发展不如珠三角），深圳就是伴随改革开放应运而生、顺势崛起的，如今已经成为全国重要的一线城市，加上区域内传统的中心城市广州，以及中国香港、澳门两个特别行政区，借助众多的国际化中心城市，在“一国两制”框架下共同推动粤港澳大湾区逐步向世界级湾区迈进。

以上海为中心的长三角区域各方面自然条件都非常优越[①]，改革开放以来一直处于全国的领先发展梯队，特别是20世纪90年代初国家决定以浦东开发开放带动长江流域整体发展之后，长三角区域更是加快了发展步伐。目前，长三角传统的上海、江苏、浙江等地域空间已经实现了较高水平的一体化发展，并有进一步向安徽等地延伸拓展的趋势，逐渐成为全国范围内涵盖面积最大的一个人口与经济连片高度集聚发展区域，是中国又一个具备条件成为世界级城市群的发达区域。

京津冀区域在首都北京的强力带动下，一直是全国经济发展水平最高的区域之一，具有直接辐射带动整个北方地区发展的强大动能。该区域内科技、教育、文化、卫生等领域的优质资源高度密集分布，现代产业基础坚实，并拥有中国北方最大的港口，以雄安新区为引领的众多国家级战略平台具有良好的发展前景，有助于按照新时代发展新要求全面培育起符合新发展理念的新兴内生动能。随着京津冀协同发展水平的不断提高，该区域也将不断提高发展质量，逐渐成为重要的世界级城市群。

除上述三大城市群以外，东部地区的其他区域也有较高的发展水平。位于京津冀与长三角之间的山东，虽然也受到两大城市群的“虹吸”影响，但其直接邻近的是京津冀的河北（而非北京和天津）和长三角的苏北（而不是长三角核心区域），因此仍能依靠沿海的优势实现自身的较好发展，只是难以在本省之外吸引更大的经济腹地而成为相对独立的经济中心。位于长三角与粤港澳大湾区之间的福建也与山东的区位类似，虽邻近两大城市群，但直接相邻的只是两大城市群相对不那么发达的边缘区域，所以福建自身仍能得到较好发展，并在国家统一大业中发挥着独特而重要的作用。海南作为改革开放初期设立的经济特区，在新时代又被赋予建设中国特色自由贸易港的重大历史使命，未来发展潜力巨大，但离岛的地理条件也决定了其先行先试发展主要是起示范和引领的作用，而不是像相邻的粤港澳大湾区那样以大体量、高能级直接辐射带动周边区域的经济发展。

---

① 广东主要是珠三角地区自然条件更好，粤北、粤西、粤东却并没有那么好，因此并不是整个广东省的自然条件都非常符合现代经济发展的要求。相比而言，长三角区域内的自然条件整体上都不错。

## 二、西部九省区各有条件局限

内蒙古—新疆—西藏三个自治区构成了中国北部和西部内陆最主要的边疆地带，也是中国少数民族聚居的区域，属于干旱半干旱区域或高寒区域，经济发展相对滞后。该区域处于全国沿边开放的地理前沿，加上中国作为一个幅员辽阔的大国，必须格外重视国家安全、特别是边疆长治久安的重要意义，因此在20世纪90年代开始推动沿边开放时就在这一地带开辟了五个沿边开放城市，包括内蒙古的满洲里、二连浩特，新疆的塔城、博乐、伊宁。进入21世纪以来，2010年中央新疆工作座谈会又决定在新疆喀什、霍尔果斯分别设立经济开发区，西部沿边开放得到更多重视。此后，满洲里、二连浩特分别于2012年、2014年获准设立重点开发开放试验区；哈密—昌吉—克拉玛依于2017年设立绿色金融改革创新试验区；乌鲁木齐—昌吉—石河子于2018年获准建设国家自主创新示范区，在“一带一路”建设背景下赋予了相关区域更多的先行先试战略任务。总体来看，这一地带处于胡焕庸线西北面，相对较差的自然条件以及由此带来的地广人稀，使得各沿边城市自身的人口与经济规模相对较小，没有足够体量的国内经济腹地，也不直接邻近较大的国外市场（边界两侧区域条件类似），因而难以成为集聚发展的经济中心区域，更多是发挥“通道”和“门户”的作用，突出发展各自治区的首府城市及个别条件相对较好或战略地位重要的地级城市（如乌鲁木齐、喀什等重点城市对于中国边疆安全、中国—中亚各国交往等方面具有非常重要的战略意义），与内陆腹心地带的中心城市和重点城市群（都市圈）形成开放联动，共同与相距更远的国外市场开展经贸合作，不断提高边疆地带的经济发展和人民生活水平。

宁夏—甘肃—青海三个省区，虽然仍处于胡焕庸线西北面，从大区域整体上说并不非常适宜经济大规模集聚发展，但该区域的位置相对更靠近胡焕庸线，其自然条件相比内蒙古—新疆—西藏边疆地带是更好的。并且该区域的战略地位重要，除甘肃北部有一段较短的边界线外，该区域的大部都位于边疆通往内地的战略要道上。宁夏素有“塞上江南”的美誉，主要依靠贺兰山对沙漠东移的阻挡和黄河流经带来的充足水源，在局部区域内形成了人口与经济的一定集聚，2012年获准设立内陆开放型经济试验区以便更好发挥中国与伊斯兰国家联系纽带的作用，但总体不适宜大规模开发。甘肃兰州自古以来就是中原地区通往西域地区的"咽喉"之地，新中国成立后也长期作为西北地区的重要中心城市，2012年获准设立中国内陆地区第二个国家级新区；近年来又借助兰渝铁路等交通干线打通了与西南地区的通道，枢纽地位更加突出；2018年进一步获准建设兰州—白银国家自主创新示范区，并在黄河流域生态保护和高质量发展战略中扮演着重要的角色，如果说胡焕庸线以西还有相对适合发展的区域可能也就只到兰州了，但受自身发展条件和周边腹地体量等诸多限制，兰州难以成为国家层面的经济中心城市，其战略地位主要体现在国家安全和面向丝绸之路经济带的开放通道方面。青海属于高寒区域，同时也是长江、黄河和澜沧江（湄公河）等源头所在地，在国家绿色发展全局中具有重要的战略作用，同时也发挥着联结西藏与内地的战略作用，但不具备大规模集聚发展的条件。总体来看，本区域的深层次战略地位非常重要，经济发展条件比边疆地带略好，可以通过适度集聚发展形成个别区域性中心城市，然而并不足以支撑形成具有全国重要影响的内陆"亚中心"。

广西—云南—贵州三个省区，地处中国西南地区云贵高原及东南丘陵西端，是西部九省区中唯一位于胡焕庸线东南面的区域板块，自然条件比胡焕庸线西北面的区域更好，虽不具备连片大规模集聚发展的条件，但传统上也有"南贵昆经济区"（南宁—贵阳—昆明）的提法，作为中国面向东南亚国家开放发展的前沿地区而长期发挥着重要作用。广西是中国西部地区唯一沿海的区域，同时也沿边，早在改革开放初期北海就被列为沿海开放城市，东兴、凭祥也是重要的沿边开放城市，并分别于2012年、2016年成为重点开发开放试验区；2013年国家设立广西沿边金融改革试验区，2018年桂林成为国家可持续发展议程创新示范区，2019年设立中国（广西）自由贸易试验区；近年来，在重庆率先打通国际陆海贸易新通道后，广西依托沿海沿边的优势迅速参与到通道建设中来，进一步巩固提升了开放"门户"的地位。云南也是中国面向东南亚的重要"门户"，20世纪90年代瑞丽、畹町、河口就已经辟为沿边开放城市，其中瑞丽2012年成为重点开发开放试验区，2013年设立云南沿边金融综合改革试验区，2015年勐腊（磨憨）也设为重点开发开放试验区；新时代国家在实施长江经济带发展战略后，2015年又在云南设立了国家级的滇中新区，2019年设立中国（云南）自由贸易试验区；此外临沧在2019年也成为国家可持续发展议程创新示范区。贵州长期以来经济发展相对滞后，同样得益于长江经济带发展战略，于2014年获准设立国家级贵州贵安新区；2016年贵州成为国家生态文明试验区以及内陆开放型经济试验区，在国家战略中的地位得到提升。该区域具有沿边开放的良好条件，特别是在面向东盟国家的开放经济发展中具有重要战略地位，但这一国际市场不足以与东部地区经贸往来频繁的欧美市场相比，且受到山区较多等自然条件以及市场腹地规模的限制，难以形成具有全国影响的经济中心城市，因此也不可能成为中国的经济“亚中心”。

### 三、中部五省受东部“屏蔽”

中部的山西—河南—安徽—江西—湖南五个省形成一个紧贴东部沿海地区的“⊃”字形区域，处于华北平原和长江中下游平原的内陆部分，经济发展的自然条件非常优越，是中国传统的中原及周边地带，在古代曾长期是全国的政治、经济、文化中心区域。但在世界地理大发现带动海洋经济大发展的同时，全国的经济中心也逐渐向东南的沿海地区转移，如今沿海成为全国经济最发达的地区。随着沿海地区经济集聚发展水平的不断提高，产生的外部正向“溢出”效应也将增大，中部五省紧邻东部沿海地区的经济区位决定了其将在这个过程中成为最直接的受益区域。优越的自然条件支撑，加上东部地区的“溢出”带动，因此从经济发展的绝对水平来看，中部五省将处于较高的位置，会有不错的发展前景。

但与此同时，中部五省也直接处于东部地区，特别是京津冀、长三角、粤港澳大湾区的强辐射半径内，不但难以在周边形成足够体量的经济腹地，连其自身都将成为东部沿海三大城市群的经济腹地。按照尹虹潘（2005；2006）的结论，这是因为东部沿海三大城市群作为经济“中心”的体量太大，经济辐射半径已经覆盖到中部五省，因此中部五省将受到沿海三大城市群的“屏蔽效应”抑制，难以形成新的经济引力中枢。在中国高速铁路快速成网的大背景下，既定地理空间距离下对应的时间距离不断缩短，可以预见沿海三大城市群会对该区域形成更强的经济辐射，因此中部五省难以成为内陆“亚中心”。

“中心”和“亚中心”的区别，无非“中心”是相对更高水平的经济中心，“亚中心”是略低水平的经济中心，但“中心”和“亚中心”都是整个国家层面的经济中心，都在周边拥有一片受自身强力影响的经济腹地(即“外围”区域)，在自身处于集聚发展阶段时能够从经济腹地汲取相应资源作为支撑，在自身处于溢出发展阶段时能够对经济腹地有效发挥辐射带动作用。中部五省的主要城市(如省会城市等)就缺乏这样受自身强力影响的周边经济腹地[①]，因此即便在东部沿海三大城市群的带动下发展到较高水平，也顶多只能算是经济高地，而不是完全意义上的经济中心，因此中部五省难以成为中国内陆的“亚中心”。

中部五省的前述局限有一个非常有力的佐证，即这五个省的总体经济发展水平并不低、各级城市分布的密度也相对较大，却缺少具有全国影响的高能级中心城市。因为东部沿海三大城市群经济实力较强、中心城市能级较高，“挤占”了中部五省的较大区域作为自己的经济腹地，使中部五省的主要城市(哪怕是省会城市)都得不到足够的经济腹地支撑而难以形成高能级中心城市，省会等主要城市的“势弱”(辐射能力不足)给了省内其他城市更多的发展机会，而支撑中低能级城市并不需要太大腹地和太多资源，因此反倒有利于形成数量较多的中低能级城市。由此产生的区域发展格局就是，中低能级城市不少，使得整体经济发展水平不低，但就是难以形成具有全国影响力的高能级中心城市。近些年来，部分省也以省级行政力量推动实施“强省会”策略，希望举全省之力支撑起省会城市成为高能级中心城市，但这在一定程度上也可能会恶化其他非省会城市的发展环境，不利于城市间协调发展关系的构建，在长期能否持续下去有待进一步观察，如果每个省都这么做的话，事实上以中部五省中单独某个省的资源体量也不太容易支撑起能级特别高的中心城市。

### 四、东北转型困难兼腹地不足

东北的辽宁—吉林—黑龙江三个省，地处东北平原，地理条件优越，各种资源也非常丰富，但在古代长期是中国少数民族聚居的区域，经济并不发达，人口数量也不多，特别是清军入关之后将东北视为“龙兴之地”并一度予以封禁。直到19世纪中后期东北的封禁解除，大规模“闯关东”后人口才开始迅速

① 特别是紧邻长三角的安徽、江西等区域，受长三角的“屏蔽效应”影响较大。

增长;19世纪末期,在清朝与帝国主义列强签订了系列不平等条约后,俄、日、德、美等列强进入东北投资铁路和工矿等,清朝官办和民族工业也开始有所发展。而后在奉系军阀统治期间,逐步形成钢铁、煤炭、纺织、食品等轻重工业体系,工业发展吸引了更多关内人口流入东北,在20世纪30年代初已经建立起以沈阳为枢纽、连接周边多个重要城市乃至周边部分国家的多条铁路系统。"九·一八"事变后,日本侵略者及其扶持的伪满傀儡政权,大肆掠夺煤铁等资源,推动东北的工业向以军事工业为主的方向畸形发展,而在抗日战争结束前后,日本以及苏联分别以不同方式对中国东北地区的工业体系进行了破坏或掠夺。

中华人民共和国成立后,由于东北地区具有邻近苏联的区位,丰富的煤铁、石油、森林等资源,以及一定的工业基础,国家给予了东北地区大量的政策和资源倾斜,并且把"一五"计划期间苏联援建重点项目中超过1/3的项目放在了东北,使东北经济得到较快恢复,逐步形成了以钢铁、机械、能源、化工、汽车等为重点的产业体系,为全国后续的工业化打下了坚实的基础。"三线"建设时期,虽然国家基于新形势下的战略考量,将新的产业布局重点放到了"三线"地区,但直到改革开放初期东北地区仍然是全国最重要的工业基地之一,在国家战略全局中发挥着举足轻重的作用,国家先后在东北三省设立了沈阳、大连、哈尔滨、长春四个计划单列市/副省级市(占全国总数[①]的1/4),其工业化和城市化水平也都在全国处于前列。改革开放之后,可能是产业结构偏重不能很好满足人民生活改善的需要,传统国有企业比重偏高未能很快适应新的发展形势转变,在对外开放背景下相比东部沿海的区位处于劣势,部分重点资源型城市面临资源枯竭转型等问题,或者还有其他因素影响,东北地区在国内其他地区快速发展的同时却遇到了发展的困境。

2003年,国家开始实施东北等老工业基地振兴战略,取得了一定的成效,但东北地区仍面临不少的发展问题。在新时代区域协调发展战略指引下,国家2014~2016年期间先后在东北设立了大连金普新区、哈尔滨新区、长春新区三个国家级新区,2016年在辽宁设立沈阳—大连国家自主创新示范区(沈阳同

① 改革开放以后,国家先后设立过16个计划单列市或副省级市,其中1983年设立的全国第一个计划单列市重庆于1997年成为直辖市,目前全国共有15个计划单列市或副省级市。

时也是全面创新改革试验区)、在黑龙江设立绥芬河—东宁重点开发开放试验区,2017年在辽宁设立国家自由贸易试验区,2018年又在辽宁设立沈阳—抚顺改革创新示范区,2019年进一步在黑龙江设立国家自由贸易试验区,通过一系列改革、开放、创新和综合类的国家级战略平台帮助东北地区纾困和培育新兴发展动能,希望重振东北地区的雄风。东北地区转型发展面临的各种困难需要一定的时间来逐步破解,从长远来看东北地区良好的基础和国家的大力推动都有助于其走出困境,我们对东北振兴持积极乐观的态度。然而,即使东北地区未来完全恢复其过去的辉煌,也不可能成为全国的经济“亚中心”,因为东北的区位远离广大的内陆市场,难以弥补东部沿海三大城市群对内陆地区辐射力不足的问题,缺少经济腹地则再发达也不能成为真正意义的经济中心,但这并不妨碍东北地区通过振兴成为经济高地,并且可以在保障国家安全、面向东北亚开放等方面发挥重要的战略作用。

**五、渝川鄂陕可建“亚中心”**

重庆—四川—湖北—陕西四个省市,地处全国中西部地区的结合部,覆盖了四川盆地、长江中下游平原(中)、黄土高原(特别是关中平原)等,四省市的主体区域都位于胡焕庸线东南面,分别处于长江、黄河的中上游,水资源丰富,内河航运发达,自古以来人口众多,是中国内陆地区自然条件相对最好的区域。虽然该区域不靠海、不沿边,但该区域在市场优势方面与东部地区各有长短,东部地区沿海的区位带来了更靠近欧美等重要国际市场的优势,该区域所处的全国陆地几何中心的位置,却是最能有效辐射广大中西部内陆市场的经济区位。与此同时,如果西部沿边地区自然条件较好的话,那必然是西部沿边地区在西向开放方面具有邻近国外市场的优势,但偏偏中国西部边疆地带的自然条件不好,难以形成类似东部沿海三大城市群那样较高集聚度的区域,因此西部九省区主要是发挥“通道”和“门户”的开放作用;而衔接丝绸之路经济带进行西向开放的“枢纽”,则只能由借助“通道”与沿边“门户”有机联结的内陆重点城市群(都市圈)来充当,这恰好就是渝川鄂陕区域的成渝、武汉、关中等城市群(都市圈)要承担的战略任务。因此,从自然条件和经济区位等基础条件综合来看,渝川鄂陕区域都最适宜成为内陆“亚中心”,这是该区域在先天外生条件方面的优势。

在国家战略全局中，该区域也具有举足轻重的地位。在国家安全面临威胁时，该区域成为坚实的大后方，“三线”建设时期更加成为全国重要的工业基地，产业门类齐全、体系完备、配套能力较强。改革开放以后，虽然国家在较长一个时期优先重点推动了东部沿海地区的率先开发开放，但仍对该区域给予了较多关注。最突出的标志就是高行政级别城市的设立，国家在1983年将重庆设为全国第一个计划单列市（副省级规格），这甚至先于1984年首批沿海开放城市的设立，而紧接着1984年将武汉、西安计划单列，1989年又对成都实行计划单列，虽然后来国家不再对其中的省会城市实行计划单列、但始终保持了其副省级的规格。而在1997年，国家在原有三个直辖市的基础上，将重庆升格为直辖市，地位进一步提高。目前，全国共四个直辖市，其中三个在东部地区、一个在渝川鄂陕区域；全国共十五个计划单列市/副省级市，其中八个在东部地区、四个在东北地区、三个在渝川鄂陕区域。直辖市的地位高于计划单列市/副省级市，由此来看东部地区最受国家战略青睐，其次就是渝川鄂陕区域，再次是东北地区。而从第三章中综合了七类重要国家级平台的分省（分区域）统计结果来看，成渝、武汉、关中三个内陆重点城市群（都市圈）也仍然是重要战略区域，特别是成渝地区双城经济圈的重要国家级战略平台非常密集，这是渝川鄂陕区域在后天外生干预方面的优越性。

从以农业转移人口为代表的微观主体区域偏爱来看，第四章的分析表明他们的选择机制是基于高收入与近距离的权衡。东部地区作为全国经济最发达的地区是总体收入水平最高的区域，对东部地区本地的农业转移人口而言，留在东部即可享受到高收入与近距离的双重好处，即便是学历层次不高的农业转移人口也可以通过沿海城市高低技能互补创造的岗位而得到较好的就业机会。中部五省的农业转移人口既有一部分流向东部地区追求更高的收入、距离不算太远，也有一部分会留在家乡省内追求更近距离，而同处于中部地区的武汉都市圈对他们而言也是收入高于家乡、且距离近于东部的较好选择；况且武汉都市圈所在的湖北本省内也有近6000万人口，武汉都市圈对他们有较大吸引力。根据国家统计局的农民工监测统计，西部地区跨省流动的农民工比例大大低于中部地区,这从一个侧面表明东部地区的高收入对距离更远的西部地区吸引力降低了。西安是西北地区最大的中心城市,依托西安形成的关中都市圈将对家乡在西北地区的部分农业转移人口有较大吸引力,并且陕西省内也有近4000万人口,关中都市圈会是他们较好的选择。重庆、成都是西南乃至整个西部地区最大的两个中心城市,成渝地区双城经济圈也是中国内陆体量最大的重点城市群,仅重庆和四川两省市自身就有超过1亿人口,再加上较高收入与较近距离的优势,必然对西南各省区乃至周边更大区域范围的农业转移人口产生较强的吸引力。这体现了渝川鄂陕区域在后天内生集聚机制方面的优越性,微观经济主体对区域流向的选择也将有利于促进该区域作为内陆“亚中心”的人口与经济集聚水平不断提高。

## 第二节　“亚中心”的内部结构

通过本章第一节中对全国不同地区的比较分析,我们已经更加明白以渝川鄂陕区域作为中国内陆“亚中心”的载体区域是合适的。沿海地区以京津冀、长三角、粤港澳大湾区三大城市群支撑起全国第一层级的人口与经济集聚,已经形成全国的经济“中心”;内陆地区则以成渝、武汉、关中三个重点城市群(都市圈)支撑起全国第二层级的人口与经济集聚,在未来构建起全国的经济“亚中心”。固然沿海的三大城市群已经发展到较高水平,但彼此是分开的;内陆的三个重点城市群(都市圈)正处于发展中,且受自然条件限制不可能实现三者高度合一发展,但成渝、武汉、关中两两相邻的区位关系也有利于提升整体合力。要使内陆“亚中心”更好提升整体合力,对“亚中心”内部进行合理的结构布局,并形成有机分工是重要的基础。总体来看,成渝地区双城经济圈所在的区位对应着中国自东向西经济发展水平“∽”形三次曲线的第二峰值,可能会是区域辐射能力更强的;武汉都市圈和关中都市圈对应了前述三次曲线中第一谷底向第二峰值的过渡区域,处于经济发展水平的上升趋势区间,尚未达到峰值顶端。但三个内陆重点城市群(都市圈)又分别有各自的独特地位和作用,三者的合作互补是构建起内陆“亚中心”的基础。

## 一、成渝地区双城经济圈能级高

在自然条件方面，成渝地区双城经济圈所在的四川盆地用地条件较好，常年气候温暖湿润，长江及其多条支流覆盖，水资源丰富且具备相对较好内河航运条件，自古就有“天府之国”的美誉，是长江上游地区人口与经济集聚条件最优越的区域。武汉都市圈所处的长江中下游平原（中），各个方面的先天自然条件并不比四川盆地差，反而因为地处长江中游，在内河航运方面可以比上游地区通航更大吨位的船舶。而关中都市圈在气候、水资源方面都略逊色于长江中上游的成渝、武汉两个城市群（都市圈），并且并不具备内河航运的有利条件。从经济区位来看，重庆与四川两省市自身就有超过1亿人口的较大市场规模，加上周边西南各省区内部都缺少国家级中心城市而不同程度接受重庆、成都两个中心城市的辐射，因此受成渝地区双城经济圈强影响的市场腹地较大，这对成渝地区双城经济圈的集聚发展是非常有利的支撑。考虑到东部沿海三大城市群的影响因素，成渝地区双城经济圈则是比武汉都市圈、关中都市圈相对更好的经济区位，即与京津冀、长三角、粤港澳大湾区三大城市群中任意一个的空间距离都不是特别近，虽然难以直接得到承接其“溢出”的好处，但也因此得以保留下来自身相对独立的一片经济腹地，不会被沿海三大城市群挤占。武汉都市圈、关中都市圈相比中部五省是更幸运的，只不过其幸运的程度不如成渝地区双城经济圈。综合自然条件和经济区位来看不难明白，为什么武汉都市圈与关中都市圈所处区位已经逐渐能够形成新的“反磁力中心”，但只是处于中国自东向西经济发展水平“∽”形三次曲线第一谷底向第二峰值的上升过渡区间，尚没有完全摆脱沿海“屏蔽效应”不利影响达到第二峰值顶端。

本章第一节中已经分析了中部五省受到沿海地区经济“屏蔽效应”影响而难以成为经济中心，事实上这种影响是随着距离增大而逐渐衰减的，中部五省直接与东部沿海省份相邻而受到的影响最大。武汉都市圈虽然不直接与沿海省份相邻而在一定程度上避免了自身受到较大的“屏蔽效应”影响，但其市场腹地却也主要被局限在湖北省及相邻省份的部分邻近区域，对周边相邻省份的市场影响不大，因为中部多个省份恰好位于武汉都市圈与沿海三大城市群之间，相比之下武汉都市圈对这些中部省份的市场影响力不如沿海三大城市群。城市群（都市圈）的集聚与辐射能力很大程度上取决于其中心城市自身的实力及其与周边其他中心城市实力的对比。武汉都市圈的中心城市武汉，自古就是全国东西南北交汇的交通枢纽，素来有“九省通衢”之称。但在现代，沿海三大城市群的较大经济体量和交通的快捷便利大大拓展了其所能辐射的区域范围，在周边众多重点城市群（都市圈）的“挤压”下，武汉都市圈北面难以与京津冀城市群竞争中原腹地，东面难以与长三角竞争长江中下游腹地，南面难以与粤港澳大湾区竞争湘赣腹地，西面有传统的三峡库区经济“断裂带”（尹虹潘，2004；尹虹潘和邓兰燕，2005）在阻挡武汉都市圈的经济辐射半径向西延伸。而且，即使近年来水陆交通条件的不断改善已经大大减少了三峡库区的天然阻碍，西面也仍有实力不输武汉都市圈的成渝地区双城经济圈，甚至成渝地区拥有两个大体量的国家中心城市，两大中心城市加起来的城市群整体合力还高出武汉都市圈一头。由此，武汉都市圈所能吸引的国内经济腹地范围受到东南西北四个方向的挤压，其强辐射半径在很大程度上被局限于湖北本省及邻近省份的小范围内，即表现出一定的中心性，只是其中心性不如成渝地区双城经济圈那么强。而在面对国际市场方面，武汉都市圈东向开放的优势远远不如沿海地区，西向开放和南向开放的便利又比不过处于更西面位置上的成渝地区双城经济圈。一个有趣的现象是，查阅民航统计的国内各枢纽机场客货吞吐量可以发现，似乎中部省份的表现总体上是不如东西南北四个方向的邻居省份的，从第二章第二节中对优越经济区位的分析延伸下去思考，可以找到这个现象的部分成因。

关中都市圈的区位与武汉都市圈有类似之处。关中都市圈的中心城市是西安，西安作为中国古代历史悠久的千年古都，具有厚重的文化底蕴和较好的经济基础，是古代丝绸之路的起点城市。中华人民共和国建立初期，也有大量的苏联援助项目集中布局在西安，为其奠定了良好的科技和产业基础，使西安成为西北地区最主要的经济中心城市。但关中都市圈向东吸引不了中部邻近省份的市场，比如其市场影响力一定覆盖不了河南和山西等省内的多数区域，对这个区域影响更大的区外中心城市主要是首都北京及其引领下的京津冀城市群。关中都市圈在与之相邻的广大西北地区有更强的中心性，但这个地区基本都处于胡焕庸线西北侧，人口密度总体较低，相同国土面积所承载的人口与经济规模远不如成渝地区双城经济圈周边的西南地区，由此带来的结果是西安对人口与经济的集聚水平也会远不如其他几个内陆重点中心城市。从近年来的地区生产总值（GDP）来看，重庆、成都、武汉三个中心城市基本属于能级大致相当的较小数量差距（但武汉的人均水平可能是相对略高的），如果某个城市的经济增长速度相对略快则完全可能在较短时间内就赶上或超过刚好排在自己之前的那个城市。而西安的GDP体量与武汉相比，存在比较明显的能级上的差距，更不用说与重庆加上成都相比。因此，单纯从经济体量上说，关中都市圈是不及武汉都市圈的，更加远不及成渝地区双城经济圈的能级，但为什么我们仍然认为关中都市圈应该是内陆“亚中心”的重要组成部分，原因就在于其相比兰州、乌鲁木齐等的体量又是更大的，特别是西安及其所在的关中都市圈对西北广大“外围”腹地具有较大经济影响，而这是作为经济中心（而非单纯经济高地）的关键特征。

基于上述分析可以知道，在内陆“亚中心”的三个重点城市群（都市圈）中，成渝地区双城经济圈的综合条件是相对最好的，因此更能成为内陆“亚中心”对“外围”腹地进行服务和辐射的主源头。第一，自然条件较好，仅次于武汉都市圈，而优于关中都市圈；经济区位优于武汉都市圈和关中都市圈，能更好避免沿海三大城市群的经济“屏蔽效应”影响，从而能够强力影响更大的经济腹地，且周边经济腹地对中心城市的支撑能力优于其他两个都市圈。第二，自身经济体量更大，以重庆和成都两大中心城市引领的城市群一体化具有不可替代的优势，对周边“外围”腹地的影响力大、集聚能力和带动作用强（全国各主要城市群、都市圈及其腹地人口与经济的大致情况见表5-1）。正因为如此，在国家级战略平台的区域布局方面，国家给予成渝地区双城经济圈的关注也是相对多于武汉都市圈和关中都市圈的。

表 5-1 中国(不含港澳台地区)经济"中心—亚中心"重点城市群/都市圈及其腹地的人口与经济规模

| 区域 | 城市群/都市圈 | 腹地区域(省份及比例*) | 城市群/都市圈自身 | | 自身及腹地 | |
|---|---|---|---|---|---|---|
| | | | GDP(亿元) | 常住人口(万人) | GDP(亿元) | 常住人口(万人) |
| "中心"及其"外围"腹地 | 京津冀 | [蒙、晋、豫]×2/3、鲁×1/2 | 85139.89 | 11270 | 178150.19 | 26865 |
| | 长三角 | 皖×2/3、[赣、闽、鲁]×1/2 | 181472.42 | 16212 | 268606.21 | 29746 |
| | 广东** | 琼、[桂、湘]×2/3、[赣、闽]×1/2 | 97277.77 | 11346 | 168856.42 | 24458 |
| "亚中心"及其"外围"腹地 | 成渝 | 黔、滇、藏×1/2、桂×1/3 | 61041.32 | 11443 | 101251.88 | 21687 |
| | 武汉 | [湘、豫、皖]×1/3 | 39366.55 | 5917 | 77529.37 | 13526 |
| | 关中 | 甘、宁、青、疆、藏 1/2、[晋、蒙]×1/3 | 24438.32 | 3864 | 63561.81 | 12535 |
| 其他 | 东北 | 辽、吉、黑 | 56751.59 | 10836 | 56751.59 | 10836 |
| 31个省区市合计 | | | | | 914707.46 | 139653 |

资料来源:国家统计局"国家数据"(2018年)。

注:*受沿海三大城市群中两个同时辐射的省份,分别以1/2计入两个城市群腹地区域;受沿海三大城市群之一及内陆重点城市群(都市圈)同时辐射的省份,按沿海城市群2/3、内陆城市群(都市圈)1/3划分比例;主要受单一城市群(都市圈)辐射的省份全部计入其腹地区域。东北地区仅受京津冀的弱影响,故予以单列。这种划分方式不完全准确,但不会太偏离现实的基本格局,是一种可以接受的简便处理方式。

**广东为粤港澳大湾区在中国大陆的部分。

## 二、武汉和关中都市圈地位独特

虽然成渝地区双城经济圈是中国内陆"亚中心"三个重点城市群(都市圈)中经济体量和直接辐射腹地范围最大的,但武汉都市圈和关中都市圈也不可或缺,这两者拥有成渝地区双城经济圈所不具备的其他优势。只有三个内陆重点城市群(都市圈)紧密联系在一起,优势互补、共同发展,才能更好地形成内陆"亚中心",承担起形成中国第二层级人口与经济集聚的任务,服务于全国高质量区域协调发展的战略全局,特别是在推动以国内大循环为主体、国内国际双循环相互促进的新发展格局进程中发挥好独特而又重要的作用,为赢得面向第二个百年目标的中长期"持久战"作出贡献。

全国区域协调发展需要沿海“中心”、内陆“亚中心”形成人口与经济集聚的层级梯次,沿海“中心”是第一层级、内陆“亚中心”是第二层级,但这两个层级之间不是相互独立的,而应该是有机互动的,内陆“亚中心”既需要接受沿海“中心”的带动,又必须辐射和服务于“外围”地区,这是一个分层集聚、互补协调的体系,因此内陆“亚中心”必须与沿海“中心”建立起紧密的联结,武汉都市圈就是这个联结通道。在构建全面对外开放新格局中,关键在于陆海内外联动、东西双向互济,中国国内的水陆交通体系中,无论是陆上交通联系还是长江内河黄金水道,武汉都市圈都处于东西交汇、南北贯通的地理中心位置,一头连接中西部广大内陆地区(通过成渝地区双城经济圈连接西南地区、通过关中都市圈连接西北地区),一头连接东部沿海三大城市群,使国内国际两个循环之间能够更好地相互促进,战略位置十分重要。从某种意义上说,中国越是要推动全国各个区域的协调发展,越是要在对外开放中东西互济与陆海联动,越是要使国内国际双循环相互促进,武汉作为全国内陆交通与各种经济“流”枢纽的地位就越发重要。这也决定了,在内陆“亚中心”的三个重点城市群(都市圈)中,即使武汉都市圈的经济体量并不是最大的,其作用也仍然不可替代。武汉都市圈可以代表内陆“亚中心”发挥好枢纽作用,促进内陆“亚中心”更好实现与国内的沿海“中心”、21世纪海上丝绸之路沿线国家(或地区)的有机对接。

成渝地区双城经济圈对周边“外围”腹地的服务和辐射能力固然强于关中都市圈,但秦岭作为天然的阻隔将中国西部广大腹地分成了西南和西北两大板块,成渝地区双城经济圈的直接强影响范围主要在西南地区,而西北地区主要靠关中都市圈(特别是西安)这个经济中心并借助兰州的“咽喉”枢纽地位来辐射带动。甚至像西藏这样的区域,在地理方位上属于西南地区,而在与内陆交通、服务和综合保障等方面也都在一定程度上依赖着西北地区的中心城市和重点都市圈。这里需要特别将西安及其所在的关中都市圈与兰州进行一个简要的对比,为什么我们将关中都市圈纳入内陆“亚中心”范围,而没有将兰州也考虑进来呢?第一节中已经谈到兰州虽然可能是胡焕庸线以西相对适合经济发展的区域,但其并不具备形成国家级经济中心城市的条件。从自身经济体量来看，西安尚且与重庆、成都、武汉等存在经济能级上的差距，兰州更低于西安的经济能级。也许兰州的经济规模在西北地区还能进入前列，但与西南地区的城市相比甚至不如在西南各省会中处于靠后位次的贵阳，而兰州的影响力主要来自于其重要的“咽喉”战略区位而非经济地位。从腹地支撑来看，关中都市圈至少因为处于胡焕庸线东南面尚能为中心城市西安提供一个在西北地区相对不错的经济腹地，而兰州已经难以形成一个真正意义上的都市圈而主要是单个城市发展，没有足够的经济腹地支撑就难以形成高能级的中心城市，城市能级不高反过来对周边的服务与经济辐射能力也会较弱，这源于中心城市与经济腹地唇齿相依的累积循环发展关系。综合来看，以西安为中心城市的关中都市圈，可以代表内陆“亚中心”发挥引领作用并重点服务好西北地区的“外围”腹地和重要边疆地带。

综上，武汉都市圈和关中都市圈不是中国内陆“亚中心”内部经济体量最大的城市群（都市圈），但分别有着各自独特而重要的战略地位和作用，并不是成渝地区双城经济圈以更大经济体量就可以完全替代的。其中武汉都市圈重点肩负着以完善的水陆通道为载体，促进内陆“亚中心”另两个城市群（都市圈）与沿海“中心”（三大城市群）实现西东、陆海、内外联结的枢纽功能；关中都市圈则凭借其作为西北地区最大中心城市的地位，在另两个城市群（都市圈）触及不到的西北内陆和边疆地带发挥重要的经济中心功能和深层次的战略支撑与服务功能（可参考图5-1的重点城市群/都市圈区位关系示意）。而即使纯粹从各重点城市群（都市圈）自身的市场体量来看，单独的成渝地区双城经济圈只有1亿人口的市场规模，而包含武汉都市圈和关中都市圈在内的内陆“亚中心”3个重点城市群（都市圈）总共就有2亿左右人口的市场规模，再加上各自周边“外围”腹地的市场，则更能在全国的区域发展格局中占据重要地位。事实上，构建内陆“亚中心”的其中一个重要目的，就是要为那些没有选择去沿海“中心”的人口服务，就是要为构建以国内大循环为主体、国内国际双循环相互促进的新发展格局提供强大的支撑与服务能力。

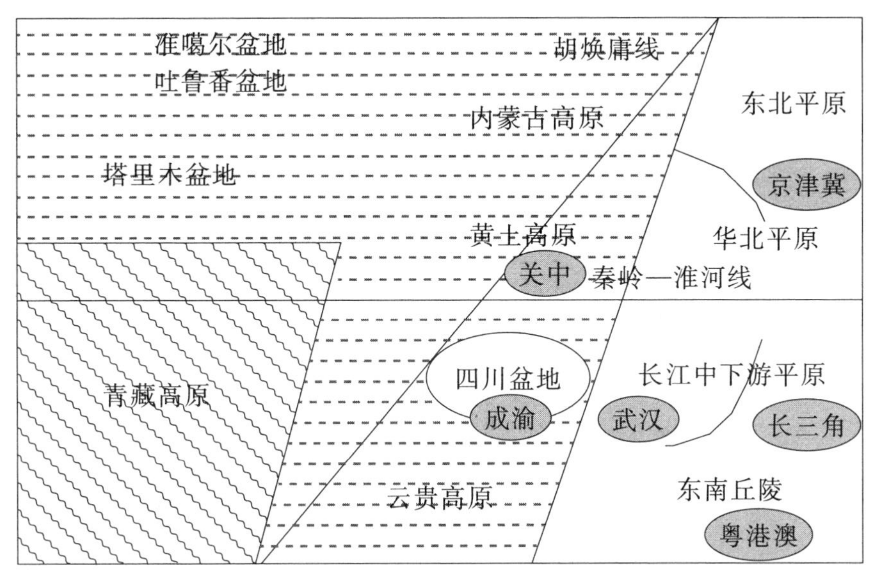


图5-1　中国(不含港澳台地区)经济"中心—亚中心"重点城市群/都市圈的区位关系示意

### 三、城市群(都市圈)间的合作

任何一个城市群(都市圈)都必然有其发展边界,而不可能成为永远持续膨胀的"黑洞",去吸引和集聚越来越大的人口与经济体量,其中的影响因素可能包括自然条件和经济区位、既定外部条件下城市群(都市圈)自身的集聚规模上限、宏观层面的政府干预、微观层面的经济主体选择等。正是基于这样一些的事实,我们才在东部沿海三大城市群业已成为全国的经济"中心"之后,进一步提出要在内陆地区构建一个作为全国第二层级集聚发展区域的经济"亚中心"。在内陆"亚中心"范围内的三个重点城市群(都市圈)也会有各自的发展边界,并且这会使内陆"亚中心"是一个多城市群(都市圈)的有机组合体,而非完全合一的经济区域或大城市群。我们将成渝地区双城经济圈、武汉都市圈、关中都市圈三个内陆重点城市群(都市圈)都纳入"亚中心"范围,只是因为三者各有优劣势、可以互补长短,共同为构建内陆"亚中心"发挥作用,并不是我们主张三者去追求完全合一的发展。事实上,我们认为成渝地区双城经济圈、武汉都市圈、关中都市圈的相互合作是必要而迫切的,但在可以预见的未来三者并不具备实现完全合一发展的基础[①]。

第一,天然屏障的阻隔难以逾越。北方黄河流域的关中都市圈与南方长江流域的成渝地区双城经济圈、武汉都市圈之间有秦岭的阻隔,而同在长江中上游的成渝地区双城经济圈与武汉都市圈之间也有大巴山—武陵山等阻隔(仅有长江三峡库区相连)。这些天然的地理屏障在很大程度上阻断了各城市群(都市圈)之间高度合一发展的条件,虽然现代交通技术不断进步(比如高速铁路的快速成网)有助于缩短彼此之间的通行时间距离、密切相互的经济往来关系,但山水阻隔使得人口与经济难以在两个城市群(都市圈)之间的地理空间密集分布。虽然我们不是"地理环境决定论"者,但是我们也必然受到现行技术条件下地理环境给经济发展带来的限制,且不说绿色发展理念要求我们对这样一些生态屏障进行更好的保护而不去搞大开发,即使去开发这样的山区来发展经济恐怕其经济成本也是微观经济主体难以承受得起的。因此我们更倾向于认为内陆"亚中心"是三个重点城市群(都市圈)既相对独立又彼此合作的有机组合体,但不是三者高度合一的整体大城市群。

第二,空间距离的阻隔难以逾越。区域经济发展中最重要的元素之一是空间距离,最重要的规律之一的各种经济影响力随距离增大而不断衰减。即使没有上述天然屏障的阻隔,成渝地区双城经济圈、武汉都市圈、关中都市圈也难以形成高度一体化的大城市群,其主要原因是三个重点城市群(都市圈)内四个中心城市之间的距离不能支持。在四个中心城市中,重庆的位置居中,成都大致位于重庆西面,重庆—成都的高速公路距离约300千米;武汉大致位于重庆东面,重庆—武汉的高速公路距离约894千米;西安大致位于重庆东北面,重庆—西安的高速公路距离约684千米[②]。根据区域经济发展的基本经验

① 类似的还有长江中游城市群,这也更多是地理上的概念。从经济上看,即使只考虑湖北、湖南两省的主要城市也并不存在高度一体化的城市群,更不用说把长江中游各省的主要城市全部纳入该范围。以湖北、湖南两省为例,武汉都市圈与长(沙)株(洲)(湘)潭城市群是各自相对独立的,洞庭湖区和幕阜山等都构成了两者完全连片融合发展的天然阻隔。

② 相关高速公路距离由百度地图测量,具体测量方法为:以重庆市人民政府为起点,测量重庆—成都距离时以四川省人民政府为终点,测量重庆—武汉距离时以湖北省人民政府为终点,测量重庆—西安距离时以陕西省人民政府为终点。

可以判断，在现行水陆客货运输技术下只有重庆和成都的空间距离能够支撑形成高度合一的城市群（两个都市圈共同构成），这也就是成渝地区双城经济圈的来历，而武汉都市圈和关中都市圈都难以与成渝地区双城经济圈实现高度一体化。也许航空运输可以更大程度上缩短城市间人员往来和货物贸易的时间距离，但若是两个及以上城市达到了高度一体化的状态，则相互之间频繁的人口往来与货物运输需求完全不是单靠航空运输能力所能满足得了的，而且如此大数量人口往来与货物完全采用航空运输的经济成本会高于多数微观经济主体的承受能力，从理论上讲这似乎又将成为阻碍一体化的巨大"分散力"。

由上可知，构建内陆"亚中心"所依托的三个重点城市群（都市圈）之间，主要应该按照一种各自相对独立发展但又彼此有机互动、优势互补的方式来形成合力。比如，武汉都市圈的水陆综合交通枢纽功能，可以与成渝地区双城经济圈和关中都市圈共享，但凡"亚中心"东向的交通物流需求（以及"外围"腹地经由"亚中心"通往东部的交通物流需求）都可以将武汉作为运输结点，既是服务于另两个城市群（都市圈）及其腹地的需要，也是在进一步增强武汉都市圈的枢纽功能。关中都市圈经略西北地区以及对接丝绸之路经济带的独特功能，也可以与成渝地区双城经济圈和武汉都市圈共享，一方面促成了中东部地区和西南地区与丝绸之路经济带的更好对接发展，另一方面也巩固和提升了关中都市圈在丝绸之路经济带建设中的重要地位。成渝地区双城经济圈具有市场腹地体量大的优势，武汉都市圈和关中都市圈长期积累的科技基础雄厚，以此与更大的国内市场需求相结合，正是建立国内大循环的内在要求；此外，成渝地区双城经济圈在向南开放方面（经由重庆率先开通的国际陆海新通道）的区位也相对更加优越，如果与关中都市圈对接互补可以完全贯通欧洲—中国（内陆"亚中心"）—东南亚的欧亚大通道，如果与武汉都市圈对接可以开辟出一条贯通东北亚—中国（沿海"中心"—内陆"亚中心"）—东南亚的多式联运新通道，非常有利于国内国际双循环的相互促进。

# 第六章　代表性城市群的建设

## 第一节　成渝地区发展格局的演变

在构成中国内陆“亚中心”的三个重点城市群(都市圈)中,成渝地区双城经济圈由两大中心城市引领双都市圈共同构成一体化城市群,经济体量和对周边腹地的辐射能力是居于首位的,从经济影响力来看无疑是最具有代表性的,此外成渝地区双城经济圈在空间结构与区际关系方面也最独特。武汉都市圈、关中都市圈的范围都是以一个省份为主体,而引领都市圈的中心城市都是所在省份的省会城市,是“单核”结构的都市圈。从政府支持角度说,省会城市往往集“万千宠爱”于一身,省级政府层面能够调动的优质资源都会毫无保留地优先用于支持省会城市的发展,特别是在中西部若干省份实施“强省会”区域发展策略的背景下,更是举全省之力来建设省会城市。而长期形成的省会城市高首位度发展格局,又会使得市场力量在集聚产生更高效率的机制下更加青睐省会城市。而成渝地区双城经济圈是这三个城市群(都市圈)中唯一具有“双核”空间结构的跨省城市群,川渝两省市中任意一方的政府都不可能调动覆盖整个城市群的行政资源;微观经济主体也会面临在“双核”中进行选择(全选或二选一)的问题,而不像在“单核”都市圈那样毫无悬念地选择唯一的中心城市。所以成渝地区双城经济圈将会比武汉都市圈和关中都市圈都更加复杂、独特而有趣,从这个意义上讲它也是内陆“亚中心”内最具代表性的城市群。鉴于此,本章将选择成渝地区双城经济圈作为代表性城市群进行分析,相关建设思路对武汉都市圈和关中都市圈的建设也会有较大的参考价值。

### 一、国家战略长期关注成渝地区发展

中华人民共和国建立初期重庆就是直辖市和西南大区驻地,“三线”建设

时期老四川(包含现重庆、四川两省市)也是重点建设区域。改革开放以来,成渝地区在国家区域发展中的战略地位不断提高,初期的计划单列市/副省级市设立、沿江开放城市布局中重庆都被放在优先位置,成都也受到重视,特别是国家在1997年将重庆升格为直辖市,使成渝地区成为中国内陆唯一拥有直辖市的重点区域,此后随着西部大开发战略的不断深入实施,成渝地区的战略地位进一步凸显。进入新时代以来,国家在"一带一路"建设、长江经济带发展等重大战略中都赋予成渝地区非常重要的定位和作用。成渝地区的发展在国家层面先后经历了成渝经济区、成渝城市群等不同的发展时期,2020年初中央对成渝地区双城经济圈建设作出新的重要战略部署[①],希望形成具有全国影响力的"两中心两地",使成渝地区在国家区域发展和对外开放战略格局中的地位得到进一步巩固和提升(见表6-1)。相信在面向第二个百年目标的发展中,成渝地区一定可以在全国区域高质量协调发展、构建国内国际互促的双循环新格局过程中发挥更加重要的作用。

**表6-1 近年来国家对成渝地区发展定位的演变**

| 时期 | 国家对成渝地区的定位和要求 | 政策/规划 |
|---|---|---|
| 成渝经济区(2011~2015年) | 成渝经济区是全国重要的人口、城镇、产业集聚区,是引领西部地区加快发展、提升内陆开放水平、增强国家综合实力的重要支撑,在全国经济社会发展中具有重要的战略地位。 | 《成渝经济区区域规划》(发改地区〔2011〕1124号) |
| 成渝城市群(2016~2019年) | 成渝城市群是西部大开发的重要平台,是长江经济带的战略支撑,也是国家推进新型城镇化的重要示范区。 | 《成渝城市群发展规划》(发改规划〔2016〕910号) |
| 成渝地区双城经济圈(2020年~) | 推动成渝地区双城经济圈建设,有利于在西部形成高质量发展的重要增长极,打造内陆开放战略高地,对于推动高质量发展具有重要意义。强化重庆和成都的中心城市带动作用,使成渝地区成为具有全国影响力的重要经济中心、科技创新中心、改革开放新高地、高品质生活宜居地,助推高质量发展。 | 中央财经委员会第六次会议(2020年1月3日) |

资料来源:根据国家相关规划、政策文件或报道整理,时间截至2020年6月。

① 在本章的表述中,将沿用国家在不同时期对成渝地区的不同称呼,如成渝经济区、成渝城市群、成渝地区双城经济圈等。虽然不同的称呼背后隐含着国家基于不同时期战略意图与目标而对成渝地区战略功能与区域地位的不同定位侧重,但对应的区域空间载体始终是成渝地区。

### (一)西部大开发战略赋予重要区域地位

“十五”期间,国家的西部大开发战略中明确将长江上游经济带作为重点开发区域的发展,提出“发挥重庆和成都等中心城市的枢纽作用”,并且要“加快发展成渝地区、攀(枝花)成(都)绵(阳)地区、长江三峡地区”。“十一五”时期,国家将成渝地区作为西部大开发的重点经济区率先发展,并“鼓励城市圈集聚发展”。“十二五”时期,国家继续把成渝地区作为西部大开发的重点经济区,在增强中心城市辐射带动作用方面提出“充分发挥重庆直辖市和其他省会城市辐射带动作用”。“十三五”时期的西部大开发进一步加快以成渝等重点经济区为支撑的核心增长区域建设,并且在深入推进内陆地区开发开放中要着力打造重庆西部开发开放的重要战略支撑和成都等内陆开放型经济高地。经过20年的西部大开发之后,国家在新时代西部大开发的战略部署中,更加突出了重庆、四川(或成都)在内陆开放战略支撑等方面的地位和作用(见表6-2)。

**表6-2 国家西部大开发战略赋予成渝地区的地位**

| 时期 | 国家对成渝地区的定位和要求 | 政策/规划 |
|---|---|---|
| “十五” | 发挥重庆和成都等中心城市的枢纽作用,加快发展成渝地区、攀(枝花)成(都)绵(阳)地区、长江三峡地区。 | 《“十五”西部开发总体规划》(计规划〔2002〕259号) |
| “十一五” | 加快建立分工合理、协作配套、优势互补的成渝等重点经济区。 | 《西部大开发“十一五”规划》(国函〔2007〕6号批复) |
| “十二五” | 充分发挥重庆直辖市和其他省会城市辐射带动作用,在川南、渝西等有条件的地区,培育壮大一批城市群。 | 《西部大开发“十二五”规划》(发改西部〔2012〕340号) |
| “十三五” | 加快以成渝等重点经济区为支撑的核心增长区域建设。 | 《西部大开发“十三五”规划》(发改西部〔2017〕89号) |
| 面向第二个百年目标 | 支持重庆、四川发挥综合优势,打造内陆开放高地和开发开放枢纽。强化开放大通道建设。积极实施中新(重庆)战略性互联互通示范项目。构建内陆多层次开放平台。鼓励重庆、成都等加快建设国际门户枢纽城市。 | 《中共中央 国务院关于新时代推进西部大开发形成新格局的指导意见》(2020年发布) |

资料来源:根据国家相关规划、政策文件或报道整理,时间截至2020年6月。

### （二）“一带一路”建设和长江经济带发展赋予重要历史使命

国家“十三五”规划中提出的全国区域发展战略是“以区域发展总体战略为基础，以‘一带一路’建设、京津冀协同发展、长江经济带发展为引领，形成沿海沿江沿线经济带为主的纵向横向经济轴带”，在继承国家区域发展总体战略基础上进一步强调了系列重大战略的引领作用，其中涉及成渝地区主要是“一带一路”建设和长江经济带战略，国家相关的规划或政策文件中都将成渝地区作为区域发展的重点。

在国家“一带一路”建设中，2015年国家发展改革委、外交部、商务部经国务院授权发布了《推动共建丝绸之路经济带和21世纪海上丝绸之路的愿景与行动》，其中明确提出内陆地区在建设“一带一路”过程中要利用内陆纵深广阔、人力资源丰富、产业基础较好的优势，依托成渝城市群等重点区域，推动区域互动合作和产业集聚发展，打造重庆西部开发开放重要支撑和成都等内陆开放型经济高地。这不仅将成渝城市群整体作为内陆地区建设“一带一路”的重点依托区域，还特别指出了重庆、成都等中心城市在其中的重要定位，希望两大中心城市发挥优势促进国家战略的实施。

在国家的长江经济带发展战略推进中，2014年和2016年先后出台了《国务院关于依托黄金水道推动长江经济带发展的指导意见》（以下简称《意见》）和《长江经济带发展规划纲要》（以下简称《纲要》），其中成渝城市群也都被赋予了重要的历史使命。《意见》和《纲要》中明确提出了成渝城市群作为重要增长极、经济中心的地位及建设若干领域的高地或示范区的要求，并且也都专门针对重庆、成都两大中心城市的功能地位和作了明确，要求发挥双引擎带动和支撑作用，整合资源、推动一体化，辐射带动周边地区，实现经济发展与生态环境的协调。

表6-3　国家“一带一路”建设和长江经济带发展赋予成渝地区的地位

| 战略或倡议 | 国家对成渝地区的定位和要求 | 政策/规划 |
| --- | --- | --- |
| “一带一路”建设 | 依托成渝城市群等重点区域，推动区域互动合作和产业集聚发展，打造重庆西部开发开放重要支撑和成都等内陆开放型经济高地。 | 国家发展改革委、外交部、商务部《推动共建丝绸之路经济带和21世纪海上丝绸之路的愿景与行动》（2015年发布） |

续表

| 战略或倡议 | 国家对成渝地区的定位和要求 | 政策/规划 |
| --- | --- | --- |
| 长江经济带发展战略 | 促进成渝城市群一体化发展。提升重庆、成都中心城市功能和国际化水平，发挥双引擎带动和支撑作用，推进资源整合与一体发展，把成渝城市群打造成为现代产业基地、西部地区重要经济中心和长江上游开放高地，建设深化内陆开放的试验区和统筹城乡发展的示范区。 | 《国务院关于依托黄金水道推动长江经济带发展的指导意见》(国发〔2014〕39号) |
|  | 以长江黄金水道为依托，发挥上海、武汉、重庆的核心作用；以长江三角洲城市群、长江中游城市群、成渝城市群为主体，发挥辐射带动作用，打造三大增长极。成渝城市群，提升重庆、成都中心城市功能和国际化水平，发挥双引擎带动和支撑作用，推进资源整合与一体发展，推进经济发展与生态环境相协调。 | 《长江经济带发展规划纲要》(2016年) |

资料来源：根据国家相关规划、政策文件或报道整理，时间截至2020年6月。

特别是习近平总书记将2016年的首次国内视察地点选在了重庆，并指出"重庆是西部大开发的重要战略支点，处在'一带一路'和长江经济带的联结点上，在国家区域发展和对外开放格局中具有独特而重要的作用"，"要完善各个开放平台，建设内陆国际物流枢纽和口岸高地，建设内陆开放高地"。重庆被赋予重要的定位和历史使命也表明，成渝城市群在国家"以区域发展总体战略为基础，以'一带一路'建设、京津冀协同发展、长江经济带发展为引领"的战略格局中应该更好发挥自身优势支撑国家战略意图和目标的实现，在此过程中实现自身的区域地位的提升，并辐射引领周边地区共同发展。

### (三)国家级战略平台布局给予倾斜

在第三章中我们已经谈到，国家级战略平台是直接服务于实现国家战略意图和目标的，国家西部大开发、"一带一路"建设和长江经济带发展中都赋予了成渝地区若干重要的战略定位和作用，而国家级战略平台的布局倾斜也可以佐证国家在战略层面对成渝地区发展的高度重视。从20世纪90年代、特别是1992年邓小平同志视察南方谈话到2012年党的十八大以前，国家在深入推进改革开放和区域发展中设立了国家级新区、全国统筹城乡综合配套改革试验区等多种国家级平台作为战略支撑载体。这一时期，成渝地区是中西部内陆布局各类国家级战略平台相对较多的区域。

党的十八大以来，在"一带一路"建设、系列国家重大区域战略引领下，按照全方位培育改革、开放、创新等新兴动能的要求，通过试点—推广的推进模式陆续新设立了一批国家级新区、自由贸易试验区/自由贸易港、自主创新示范区、全面创新改革试验区等国家级平台，作为新形势下国家战略的重要支撑载体。这一时期，成渝地区范围内、特别是重庆和成都两大中心城市设立的各类国家级战略平台无论是数量还是设立优先顺序都始终在内陆地区居于前列，基本可以和京津冀、长三角、粤港澳大湾区三大城市群比肩，甚至在总数量上还超过了沿海地区的部分城市群，这从一个侧面反映出国家在整体战略格局中赋予了成渝地区非常重要的地位和使命。

## 二、重庆直辖带来川渝区域政策变化

从成渝地区涉及的省级行政单元来看，国家设立重庆直辖市以前，成都—重庆沿线经济带是原四川省内的城市经济带。1997年3月24日，第八届全国人民代表大会第五次会议决定批准设立重庆直辖市，重庆直辖市管辖原重庆市、万县市、涪陵市和黔江地区所辖行政区域。原四川省的行政区划由此发生重大调整，形成了以原重庆市为中心的新兴重庆直辖市、以成都市为中心但辖区面积减小的新四川省两个省级行政区。重庆直辖以后，成都—重庆沿线经济带的相关城市分别成为新四川省的行政辖区和重庆直辖市，整个经济带从省内城市带变为跨省市的经济带，并且重庆、成都两座中心城市分别归属不同的省市。由省内到省际的基本属性变化，也为成都—重庆沿线经济带以及后来的成渝经济区、成渝城市群、成渝地区双城经济圈带来了一系列发展路径取向上的重要改变。

### （一）区域发展基本属性变化

发展诉求更易获得国家层面的重视和支持。原四川省虽然也是全国重要的人口与经济大省，但毕竟整体发展水平与沿海相比有较大差距，因此省内层面的经济带发展在争取国家政策支持方面很大程度上还不如沿海地区的"谈判"能力强，在总体资源有限的情况下国家仍可能会更多优先支持沿海发达地区，在一些国家级战略平台布局方面，单个西部省份经常是争取不到的，即使能争取到也顶多布局一个。而跨省城市群的多个省份共同向国家争取支持，话语分量更重，更容易得到国家的重视和支持；并且类似成渝地区这种跨省"双核"区际关系，在争取设立国家级战略平台方面，往往因为国家需要平衡省际利益关系，会给两省市各布局一个[①]，即从一省框架下的零或最多一个变成跨省市的两个。

发展动力更加多元化和市场化。由于过去长期实行计划经济的惯性，中国区域经济发展中仍然在很大程度上受到"行政区经济"思维模式的影响，一省范围内的城市群(都市圈)也就在很大程度上由一省政府的行政主导来推动发展。而跨省"双核"城市群发展，首先就有多个省级地方政府力量来推动，虽然每个省市都只在本省市辖区内的部分城市身上用力，但从整个城市群的发展来看，发展动力仍是比单个省份主导下更加多元化的，总的推动力度也应该是更强的。此外，所谓"行政区经济"也就是主要在行政区范围内发挥直接干预作用，跨省城市群并不处于单个省级行政区内，整体的发展也就不再是单个省级地方政府的力量所能完全把控的，而国家层面除宏观规划指导与调控外不可能重心下移直接管理所有的地方事务，那么跨省城市群发展就必然会留给市场力量更多发挥作用的空间。因此，跨省城市群的发展会由多个省级地方政府与市场共同推动，单个省级地方政府的作用受到一定抑制(行政组织成本过高)，市场在资源配置中的作用得到增强(市场交易成本小于跨省行政组织成本)，地方政府与市场之间可能形成"互补与互嵌"[②]并存的关系。

跨省城市群的竞争—合作关系更加复杂。由于有地方政府行政力量的参

---

① 具体的省际利益平衡方式多种多样，可以同时批准两省市设立同一种国家级战略平台，也可以先批准其中一方设立某种国家级战略平台，而一段时间(一年或几年)后再在另一方增设同一种国家级战略平台，还可以将某种国家级战略平台设在其中一方，而将其他某种国家级战略平台设在另一方，等等。

② 此处部分借用了王强、何自力(2005)关于企业与市场关系的表述，因为在跨省都市圈发展中，单个省级地方政府对本省市辖区内相关区域(这是整个跨省都市圈的组成部分)的行政性主导与干预，同企业内部的组织方式有一定相似性。当然，省级地方政府对于本省市辖区内的发展政策不完全等同于企业，其兼顾的目标更加多元化(如公共民生服务等)，而不仅仅是经济收益和经济效率等单一目标，因此本研究中没有使用类似于制度经济学中关于企业与市场之间具有"替代"关系的表述，地方政府与市场之间不是相互替代的关系。

与，城市群内部的竞争在一定程度上包含了政府间资源配置能力的竞争。一省内部的城市群只是两个城市之间的竞争，地市级乃至副省级市政府的资源配置能力与省级地方政府相比仍是有限的，且有同一个省级政府的总体把控，省内城市间的竞争激烈程度会受到一定抑制。跨省城市群升级为不同省级政府之间的竞争，并且合作与竞争紧密交织在一起，相互关系也变得更加复杂。一是虽然国家一直倡导打破行政区界限的区域合作，但国家层面对地方发展的指导和调控相对宏观和间接，不能完全抑制地方竞争，而对地方发展绩效的考核比较直接且可能与官员晋升相关，激发了地方的竞争意识。二是省级政府作为地方层面级别最高的政府，所具备的资源配置能力远非地市级乃至副省级市政府可以相比，竞争中可以调用的资源可能会比城市间竞争发生"量级"上的变化。三是每个省份内可能不是只有一个城市处在跨省城市群中，那么相互竞争也就从单个城市间的竞争变为不同省份内多个城市抱团的群体竞争。跨省城市群相比一省内部城市群的竞争更激烈，而合作形成的利益增量也同样会是更大的，由此带来了更加复杂的竞争—合作关系，这也是影响跨省城市群发展的重要因素。

### （二）城市体系布局取向变化

原四川省成都—重庆沿线经济带发展思路的形成。从改革开放到20世纪80年代中期，原四川省的区域发展主要是重点发展成都、重庆的"两点式"政策思路，并且也曾提出过"依靠盆地，开发两翼[①]"，这一时期以两大中心城市重点带动四川盆地区域的思路已经显现出成渝地区一体化发展思想的萌芽。20世纪80年代中后期到90年代中期，在地方工业、县域经济快速崛起的背景下，原四川省的区域发展出现了分散化的趋势，于是提出"一线两翼[②]"区域发展思路，但"江油—成都—峨眉山"一线空间距离长、沿线城镇空间相互作用力较弱，经济活动难以在沿线形成空间集聚，而攀西、川南两翼空间面广，开发中缺少明确载体支撑而较为宽泛和无序（戴宾，2009）。但我们也认为，这一时期原四川省的区域发展重点撇开了省内两大中心之一的重庆，在某种程度也反

① 盆地即四川盆地，是老四川省内经济相对发达的地区；两翼即宝成和成昆铁路以西区域、襄渝和川黔铁路以东区域，位于四川盆地的西东两侧。

② 一线即"江油—成都—峨眉山"沿线，两翼即攀西地区、川南地区。

映出1983年重庆实施计划单列后可能在原四川省内受到一定的排挤。也许是由于1989年后成都也开始计划单列(1993年不再实行计划单列但保留副省级规格)逐渐缓解了重庆单独计划单列受到省内排挤的压力,加上“一线两翼”区域发展总体收效不好,1995年原四川省在反思前一阶段区域政策基础上提出“依托两市、发展两线、开发两翼、带动全省①”的区域发展思路,这实际上全面继承了“一线两翼”思路,但在此基础上重新恢复了在早期已经确立的重庆作为两大中心之一的地位,并把“成都—重庆”沿线增加为另一条线②,由此正式开启了成都—重庆沿线经济带的发展序幕,成为后来成渝经济区、成渝城市群、成渝地区双城经济圈的基础。

重庆直辖后四川省对成渝地区发展政策思路的逐步调整。在重庆直辖的当年,四川省对区域发展战略进行调整,提出“依托一点,构建一圈,开发两片,扶持三区③”的区域发展新思路,并在对1996年通过的《四川省国民经济和社会发展“九五”计划和2010年远景目标纲要》进行修订时予以明确。这是对重庆直辖带来新四川省辖区变化的适应性调整,两片仍延续了上一阶段两翼的区域,三区是对上一阶段“带动全省”的一个细化,而一点、一圈的提法强化了成都的单中心地位,并且初步显现出城市经济圈或城市群的发展思路。此后,2006年在四川省“十一五”规划中又提出“五区三群④”的区域发展思路,明确提出了城市群的发展思路,并且成都平原、川南、川东北这三个城市群都成为目前成渝城市群的重要组成部分。“十二五”期间,四川省继续按照五大经济区推进全省区域发展布局,但恢复了对成渝经济区合作发展的重视并提出推进“一极一轴一区块⑤”建设,在强调成都都市圈核心地位的同时,在重庆直辖后首次

---

① 两市即成都、重庆,两线即“江油—峨眉山”沿线、“成都—重庆”沿线,两翼仍为攀西地区、川南地区。

② 恰好成渝高速公路也在1995年通车,为原四川省开启成都—重庆沿线经济带的发展奠定了交通和区域经济流向组织等方面的基础条件。

③ 一点即成都,一圈即成都平原经济圈,两片即攀西、川南,三区即丘陵地区、盆周山区和民族地区。

④ 五区即成都、川南、攀西、川东北、川西北五大经济区,三群即成都平原、川南、川东北三个城市群。

⑤ 一极即成都都市圈增长极,一轴即成渝通道轴,一区块即环渝腹地区块。

在正式规划中重新提出成渝对接以及省内环渝腹地建设川渝合作示范区的思路。“十三五”规划中，在沿袭五大经济区的基础上提出“一轴三带、四群一区[①]”城镇空间布局，充分对接成渝城市群的总体发展格局。2018年进一步提出“一干多支”区域发展思路[②]，以成都为主干，环成都经济圈以及川南、川东、攀西、川西北等经济区协同发展。2020年以来，在“一干多支”基础上更加突出了川渝毗邻区域的合作。总体来看，在重庆直辖以来的20多年里，四川省对于成渝地区的发展政策，经历了一个先割裂回避、后恢复对接重视的演变历程，但对成都及以成都为中心的都市圈在省内“独大”的地位是持续不断巩固提升的，而成渝沿线的中间地带一度受到“冷落”，直到“十二五”以后才重新得到更多重视。由于省级区域发展政策取向直接影响到不同地市的资源配置多寡，因此成渝“中间塌陷”，可能在相当程度上也与四川省的相关区域政策有直接关系。

重庆直辖后对成渝城市群发展政策思路逐步优化。重庆市在直辖初的“九五”期间重点按成渝高速公路、长江沿江地区“两线”进行发展布局，并在原三市一地基础上按照直辖市的体制进行必要的行政区划调整，到2000年基本形成市直管全部四十个区县的行政管理体制[③]。“十五”计划中提出三大经济区的区域发展思路，将主城九区作为都市发达经济圈、主城以西和以南十二个近郊区县作为渝西经济走廊、其余十九个区县作为三峡库区生态经济区。其中，强化了都市发达经济圈在全市“加速发展，领先一步”的地位，这与四川省同期强化成都的核心地位是类似的；而与四川省“冷落”成渝中间地带不同，渝西经济走廊被重庆市定位为“成渝经济走廊的重要组成部分”，并赋予了“逐步形成成渝两大城市之间的中小城市连绵区”的任务。“十一五”规划中进一步提出

---

① 一轴即成渝通道发展轴，三带即成绵乐城镇发展带、达南内宜城镇发展带、沿长江城镇发展带，四群即成都平原、川南、川东北、攀西四大城市群，一区即川西北生态经济区。

② 参见《中共四川省委、四川省人民政府关于实施“一干多支”发展战略推动全省区域协同发展的指导意见》，2018年。

③《国务院关于同意重庆市撤销万州移民开发区和黔江开发区以及撤销黔江土家族苗族自治县设立黔江区的批复》（国函〔2000〕88号）标志着重庆市直管全部区县体制形成。后来，重庆市内的区县设置几经调整，截至2020年11月全市共38个区县。

“按三大经济区构建区域经济体系，按四大工作板块实行分类指导”，继续构建主城特大城市格局，渝西经济走廊强化与川黔合作，并将三峡库区生态经济区按照渝东北、渝东南两大板块进行分类指导。2006年开始酝酿并在2007年第三次党代会上正式确立“一圈两翼[①]”区域发展战略，对三大经济区、四大工作板块的布局进行了优化，进一步强化了以重庆主城为中心、一小时车程为半径的都市圈的地位，同时也为渝东北和渝东南两翼的协调发展奠定了基础，其中“一圈”全部区县、渝东北的大部分区域和渝东南的黔江区都是目前成渝城市群的重要组成部分。2019~2020年确立了市域内“一区两群”的区域发展思路[②]，以主城中心九区和渝西十二区共建主城都市区，带动渝东北三峡库区城镇群、渝东南武陵山区城镇群协同发展，空间经济格局上与“一圈两翼”基本对应，但赋予了新时代区域协调发展的新内涵。总的来说，在重庆直辖以来的20多年里，市内客观上以主城中心九区和渝西片区作为全市的经济中心区域，带动渝东北和渝东南两个片区协同发展，而重庆市对于川渝共建跨省城市群的重视始终没有改变，一直大力推动相关区域合作，不同时期确定的成渝高速公路沿线区域、渝西经济走廊、一小时经济圈、主城都市区等重点经济板块都被赋予了加强川渝对接的发展任务。

### （三）产业竞争—合作取向变化

地方政府的政策取向是影响产业发展的重要因素，由于重庆直辖这一重大的行政区划调整，使成渝地区主要城市产业发展政策导向也随之改变。重庆直辖前在原四川省的统一规划下，基于行政指令的城际产业分工协作是成渝地区产业发展的基本方向；而重庆直辖后，成渝地区的川渝两省市不同城市之间在产业发展中既有合作，也有同质竞争，两类政策导向并存，其中在重庆直辖初期产业合作受到行政阻隔影响，但原有产业发展格局不可能很快改变因此竞争并不非常激烈，此后一个时期逐渐形成更加同质化的产业竞争局面，近年来在国家战略推动下合作意愿增强，竞争与合作共同推动成渝地区产业格局的不断演变。

① 一圈即一小时经济圈，两翼即渝东北、渝东南两翼。

② 参见《中共重庆市委关于立足“四个优势”发挥“三个作用”加快推动成渝地区双城经济圈建设的决定》，2020年。

产业关联协作方面。重庆直辖前，在原四川省的总体规划中促进成都、重庆以及其他各主要城市之间产业分工协作的政策引导性较强，主要导向是成渝两市利用各自优势促进产业高级化，同时将一些初加工产业向省内其他城市转移的整体分工协作思路。重庆直辖后，川渝两省市的竞争关系逐步显现，但两省市政府仍从区域合作发展的角度出发在一定程度上推动产业合作，在《成渝经济区区域规划》和《成渝城市群发展规划》出台，尤其是中央作出战略部署推动成渝地区双城经济圈建设之后，产业协作力度有所加大，合作措施也更为具体，部分重点产业领域和部分川渝接界的重点区域成为成渝地区内产业合作的主要载体区域。

产业发展竞争方面。在城市层面，各主要城市出于促进当地发展的目的，都会制定有利于本地发展的产业政策，也导致了城际产业同质竞争现象。在省市级层面，重庆直辖后四川省的产业发展政策进行了较大幅度调整，由上述的分工协作规划变为重点依托成都平原与川南等城市在电子信息、机械工业、食品工业、建材、医药等产业与重庆形成同质竞争的产业发展关系。在很大程度上，川渝两省市相关产业规划都重点考虑了各自行政区内的产业链条延伸及产业集群发展，由此成渝城市群内各主要城市、特别是重庆与成都之间的产业竞争政策导向甚至一度超过产业合作政策力度。

**表6-4　重庆直辖前后的成渝地区产业竞合关系**

| 时期 | 发展方向/发展实例 | 规划/政策 | 导向 |
| --- | --- | --- | --- |
| 重庆直辖前 | 成都和重庆两市推动产业结构高级化，初加工逐步向省内低梯度地区转移。成都重点发展电子、机械、汽车等支柱产业，在微电子、生物技术、新材料、光纤、航空航天等；重庆重点发展汽车、机械、化工和冶金等支柱产业，重点研究开发微电子技术、光电子技术、通信电子技术，发展机电一体化、数控机床、智能仪表等。 | 《四川省国民经济和社会发展“九五”计划和2010年远景目标纲要》(1996年版) | 产业分工协作 |

续表

<table>
<tr><th>时期</th><th>发展方向/发展实例</th><th>规划/政策</th><th>导向</th></tr>
<tr><td rowspan="2">重庆直辖后</td><td>集中力量发展壮大新一代信息技术、航空航天与燃机、高效发电和核技术应用、高档数控机床和机器人、轨道交通装备、节能环保装备、新能源汽车、新材料、生物医药和高端医疗设备、油气钻采与海洋工程装备等先进制造业；加快发展电子商务、现代物流、现代金融、科技服务、养老健康服务、服务外包等新兴先导型服务业，大力发展现代旅游业。</td><td>《四川省国民经济和社会发展第十三个五年规划纲要》</td><td rowspan="2">支柱产业大量雷同带来同质竞争</td></tr>
<tr><td>巩固壮大电子信息产业，培育电子终端产品制造和集成电路、平板显示等核心零部件，大力发展机器人、智能制造装备、智能家居、智能穿戴设备等智能硬件，优化提升汽车产业发展新能源汽车及智能汽车，加快在高端交通装备、新材料、生物医药、物联网、环保、精细化工、页岩气开发等新兴产业领域取得更大突破。</td><td>《重庆市国民经济和社会发展第十三个五年规划纲要》</td></tr>
<tr><td rowspan="2">重庆直辖后</td><td>在产业布局方面，通过产业规划、产业政策、组织区域经贸活动，促进区域内产业分工合作互动。发挥毗邻区域的地理区位优势，加快建设川渝沿边地区的合作园区，引导产业聚集。</td><td>《关于推进川渝合作共建成渝经济区的协议》(2007.4)、《川渝毗邻地区合作互动框架协议》(2007.10)</td><td rowspan="2">部分重点领域部分重点区域产业合作</td></tr>
<tr><td>典型合作：共同推动汽车制造、电子信息、农产品加工等双方优势产业协作发展；毗邻重庆的四川省广安市，被选为承接重庆汽车、装备制造、电子信息等产业转移地。</td><td>《重庆市人民政府、四川省人民政府深化川渝务实合作2016年重点工作方案》(2016.6)</td></tr>
</table>

## 第二节 影响成渝地区发展主要因素

影响成渝地区发展的因素众多，但在自然条件和地理区位等先天基础条件既定的情况下，发挥主要影响作用的不外乎两个方面。一是国家和地方各级区域发展政策，这是来自人为干预(或者说是他组织)的影响，重点通过政府对部分资源的配置来影响成渝地区发展的走向和具体路径；二是区域发展的内在规律，或者更具体说是区域经济的自组织规律，它会通过一些内生机制将成渝地区的各种外部条件(包括但不限于先天的基础条件和后天的人为干预)

按照一定的方式“输入”到区域发展进程中，自发地“输出”某种发展结果。这两个方面共同影响着成渝地区的发展，并且两方面因素在某些情况下还可能相互交织在一起，发挥出错综复杂的影响作用。

## 一、政策性的他组织影响

成渝地区在国家区域发展格局中的地位不断提高，既有本区域自身优势在发挥作用，也是国家实现区域发展全局战略目标和意图的结果，行政区划调整和政府性资源配置都在其中发挥着重要的他组织影响。其中，行政区划调整的宏观引导作用最突出的体现就是设立重庆直辖市，使成渝地区由一个省内城市群变为跨省城市群，从而在后续发展中更好地获得了各种政策性支持。而政府性资源的配置既包括传统意义上“钱”“地”等要素资源配置，也包括本书中特别关注的国家级战略平台等政策性资源配置。

### （一）行政区划调整是区域发展格局演变的宏观引导

重庆直辖后，在四川省内即开启了成都“单核”引领模式，而这一时期的地市行政区划调整就配合了“强省会”策略的实施。1997~2000年期间，四川省进行了一系列的地市级行政区划调整，将眉山、资阳先后从原乐山、内江辖区范围内划出单独设立地区，并于2000年设为地级市，这从两方面支持了成都都市圈的发展：一是以行政区划的方式调整缩小了乐山和内江的经济腹地，客观上会抑制这两座城市从原来较大的腹地范围集聚资源发展壮大，削弱了成都潜在的竞争对手，自然也就减少了成都发展中获取各种资源和市场的竞争；二是增加了两个地级市，增加了成都邻近区域内的次级城市数量和密度、削弱了单个次级城市的规模和竞争力，营造了一个更有助于成都集聚资源的经济腹地。此外，近年来四川省在国家高度关注成渝地区发展的背景下重新重视川渝对接，其中成都积极推进“东扩”发展也借助了代管县级简阳市来作为发力的支撑点。

在重庆市内，直辖之初按照直辖市体制对原三市一地所有辖区整合并逐步实现市全面直管区县，也为后来的全市经济板块划分奠定了基础，否则原三市一地各自的行政辖区内区域发展布局将继续自成体系，难以按照新的重庆直辖市范围进行区域发展布局的优化重组。近年来，重庆中心城区近郊的渝西片区各县陆续全部撤县设区,也是服务于重庆主城都市区整体发展需要的。

### (二)政府性资源配置是区域发展格局演变的重要手段

这里不去过多讨论财政转移支付、建设用地指标倾斜等要素资源配置,而主要关注重要战略平台、重大基础设施等资源配置。如成渝地区发展进程中国家在重大战略平台布局方面给予了很大倾斜支持,重庆市、四川省成都市两个全国统筹城乡综合配套改革试验区,重庆两江新区、四川天府新区两个国家级新区,中国—新加坡第三个政府间合作项目中新(重庆)战略性互联互通示范项目,重庆市、四川省两个自由贸易试验区等,不同发展时期的各类国家级战略平台大多数都在成渝地区内有布局。此外,一系列的国家重大交通基础设施布局也给予成渝地区很多的支持,成都天府机场的新建和重庆江北机场的扩建,不同时期的国家高速公路网和铁路网布局都把重庆和成都作为重要枢纽节点并专门安排了一条地区性环线高速公路等。同样,在四川省内和重庆市内的区域发展政策中也都能看见政府性资源配置这只有形的"手"在发挥作用。

四川省内,为了推进成都中心及成都平原经济区(都市圈)的重点发展,争取到了国家支持将全国统筹城乡综合配套改革试验区放在成都市,四川天府新区的主体区域也放在成都市,重点规划建设了以成都为中心的射线高速公路和高速铁路等,为解决双流机场逐渐不能满足发展需要的问题新建第二机场(天府机场),而且结合成都"东扩"的需要将天府机场选址在原资阳市代管的县级市—简阳,并将简阳市改由成都市代管,通过一系列的政府性资源配置不断强化成都的中心地位。而为了发展以成都为中心的成都平原经济区,又重点加大成(都)德(阳)绵(阳)乐(山)沿线交通干道及其复线的密度,以成都为中心规划建设不同半径的环线高速公路助推成都城市圈的形成,并争取国家支持将全面创新改革试验区等国家级战略平台的覆盖范围延伸到成德绵区域。

重庆市内,两江新区、中新(重庆)战略性互联互通示范项目、自由贸易试验区等国家级战略平台主要布局在中心城区,持续提升中心城区的经济地位;通过内环、二环(绕城)等环线快速/高速公路干道建设,将中心城区组团式稍显分散的城市布局以不同半径的环线融合在一起形成有机整体;通过江北机场T3航站楼和第三跑道等扩建以及第二枢纽机场等的规划来巩固提升全市航空竞争力，争取国家支持形成了航空、水运、铁路等交通枢纽+保税（港）区+一类开放口岸的多个“三合一”口岸经济平台体系，极大增强了重庆中心城区在国家区域发展格局中的战略地位。一系列射线高速公路、米字型高速铁路的规划建设以及国家级高新区、经开区的布局等又分别围绕主城及近郊渝西片区发展、渝东北和渝东南两个片区的区域中心构建等发挥作用，与全市的区域发展总体政策思路方向保持高度一致，积极服务于国家区域发展战略全局目标的实现。

## 二、规律性的自组织影响

城市群（都市圈）之所以能够成为支撑国家区域经济发展的重要空间载体，源于城市群（都市圈）的基本构成单元（即一座座城市）之间关联互动形成超越各城市简单加总的合力，这种合力外在表现为一定的空间经济格局或空间经济景观形态，内在源于具有密切的城际经济关联，城市群（都市圈）的形成过程本质上也就是城市之间深度交流、分工协作、持续融合的集聚过程。在区域发展的空间经济格局方面，空间经济景观形态是抽象的，不同于平常用肉眼看到的实体景物，只能借助一些手段来使其变得形象化。比较常见的包括，借用物理学中“场”理论（任寿根，2005；金凤花等，2010；沈惊宏等，2015）、引力模型（符小洪和黄民生，2002；孙晶和许崇正，2011）等用于经济发展的空间分析与展示，近年来用人口或经济密度作为空间经济景观分析与展示的研究也开始增加（尹虹潘，2012；尹虹潘等，2014）。在区域发展的城际经济关联方面，有的学者将城市群看作“城市—腹地”相互作用的系统，系统内部在产业、通勤等方面有密切联系，并在空间上不断扩展，城市功能升级、产业扩散等空间联系也日益密切（Ravetz，2000）。也有学者认为世界是一个城市网络，城市作为网络节点而存在，城市地位的变化由它与其他节点的相互作用所决定（Taylor，2002）。总的来说，城市群（都市圈）的自组织演化是城际竞争与共生相互作用的过程（马远军和张小林，2008），是各城市实现自身利益的延伸（马志强，2006）。

区域发展中的空间经济格局是外在体现出的经济景观形态，而城际经济关联则是支撑区域发展的内在组织机制。尹虹潘（2019b）采用改进引力模型（尹虹潘，2005；2006）计算了成渝地区19个主要城市多年的经济腹地（经济吸引区)范围,借鉴李敬等(2014)的网络分析方法分析了这些城市之间的经济关联网络,研究发现越是经济腹地存在交叠的城市之间往往经济关联也越密切,区域发展中表现出的经济景观形态与其内在组织机制具有高度统一的特点,这两方面可以相互印证,将这两方面结合起来可以更好体现成渝地区发展中规律性的自组织影响。具体而言,成渝地区发展中基于近距离空间交互作用而形成的城际经济关联是区域发展规律的主要自组织机制,而超越近距离空间交互的城际经济关联是相对较少的,不是影响区域发展的主流。以城市经济规模、所在区域整体城市化水平、城际地理空间距离、交互便捷性(交通速度与时间距离)等为基础计算出的城市经济腹地范围虽然看不见也摸不着,却能够在很大程度上反映出现实中多数城际经济关联的发生。

成都周边区域内的各地级以上城市的经济腹地范围有较高的交叠融合程度,与这种区域经济空间景观相对应的是,该区域内各城市之间的经济关联水平也是更高的,其重要原因在于成都周边区域内的次级城市密度较大,这可能与该区域地处成都平原的有利地形有关,也必然与前面谈到的通过行政区划调整人为增大城市密度有关。而重庆周边区域则存在一定差距,如万州、达州的经济腹地范围只是与重庆中心城区的经济腹地范围部分相交而尚未完全叠合,黔江的经济腹地范围更是尚未与重庆中心城区的经济腹地范围相交,这在很大程度上是因为重庆周边区域内各主要次级城市的直线距离基本在100~250千米(成都周边区域内的这一距离范围仅为60~120千米)。更多山地地形是重庆周边区域内次级城市之间距离偏大的一个原因,重庆直辖后市直管区县的"扁平化"城市层级体系不利于产生集聚水平高的次级城市也是重要的原因。各次级城市之间较大的空间距离,意味着区域内单位面积的次级城市密度更低,这不利于形成支撑中心城市更好集聚发展的经济腹地环境。与此同时,处在重庆、成都两大中心城市之间的成渝中间地带整体发展水平不高,也是上述区域自组织规律作用的结果,因为远离两大中心城市,从空间经济景观上看是处于两大中心城市腹地范围的边缘,从内在机制上看则不能非常有效地融入到对应的城际经济关联体系中。

## 第三节　成渝地区双城经济圈的发展路径

未来成渝地区双城经济圈的发展应该按照国家的战略部署，全面对接新时代西部大开发，在“一带一路”建设和长江经济带发展战略的引领下，发挥自身的独特优势，服务于国家战略意图和目标的实现。一方面应充分尊重城市群（都市圈）发展中的空间自组织内在规律，让市场力量在资源配置中发挥决定性作用；另一方面也遵循川渝两省市地方政府基于国家战略部署而对本区域发展的政策指引，让各级人民政府更好发挥作用，将政府引导与市场推动相结合，将城市群（都市圈）发展的一般规律与跨省“双核”城市群的具体特点相结合，促进成渝地区双城经济圈发展壮大，引领内陆“亚中心”的构建，不断提升在国家区域发展格局中的地位。

### 一、城市群发展路径的选择

成渝地区双城经济圈发展的基本方向，是进一步提升综合竞争力和在国家区域发展格局中的地位，必须注重发展重庆和成都两大中心城市，并增强对周边区域的带动能力，特别要充分把握当前发展中存在的“短板”，加快成渝中间地带的发展，以此促进城市群的整体实力壮大。按此思路优化城市群的城市体系空间布局，优化提升产业结构层次并在布局上与城市体系相互衔接，着力构建产城融合发展体系，使城市发展与产业发展有机协同于成渝地区双城经济圈的建设进程中。但在发展中不可回避的一个核心问题是重庆—成都“双核”之间的合作—竞争关系问题，应全面回顾和总结重庆直辖20多年来川渝两省市在区域发展中的合作与竞争关系，既要全面维护成渝地区双城经济圈作为一个整体城市群的合作发展需要，营造“双核”共进的整体氛围推动形成发展合力，又不刻意回避川渝两省市之间客观存在的相互竞争关系，尊重“双核”赛势发展中的有序竞争，并借此相互磨砺增强城市群整体对外竞争力，使合作与竞争辩证地统一于成渝地区双城经济圈的发展进程中。

基于上述分析，我们认为成渝地区双城经济圈未来发展的基本路径应该是：以国家战略作为顶层指导，将市场力量作用下的城市群（都市圈）空间自组织演化规律与跨省市“双核”城市群特点下的区域发展政策取向相结合确定发展动力方向，着力构建川渝两省市“战略合作—战役竞争—战术合作”的新型三层竞合关系作为发展基础,在此基础上以绿色发展下的“城市体系布局—产业体系支撑”双优化促进产城融合发展作为重点任务,壮大“双核”城市群综合实力,在更好服务国家战略意图和目标的过程中不断巩固提升自身区域地位,引领内陆“亚中心”构建,助推全国形成“中心—亚中心—外围”分层集聚、错位分工、优势互补的高质量区域协调发展格局,并在构建以国内大循环为主体、国内国际双循环相互促进的新发展格局过程中发挥重要作用。成渝地区双城经济圈未来发展路径可以按照图6-1简要概括为:以国家战略为顶层指导,以双重结合为动力方向,以三层竞合为关系基础,以产城融合为重点任务,服务国家战略意图和目标,提升自身区域经济地位。

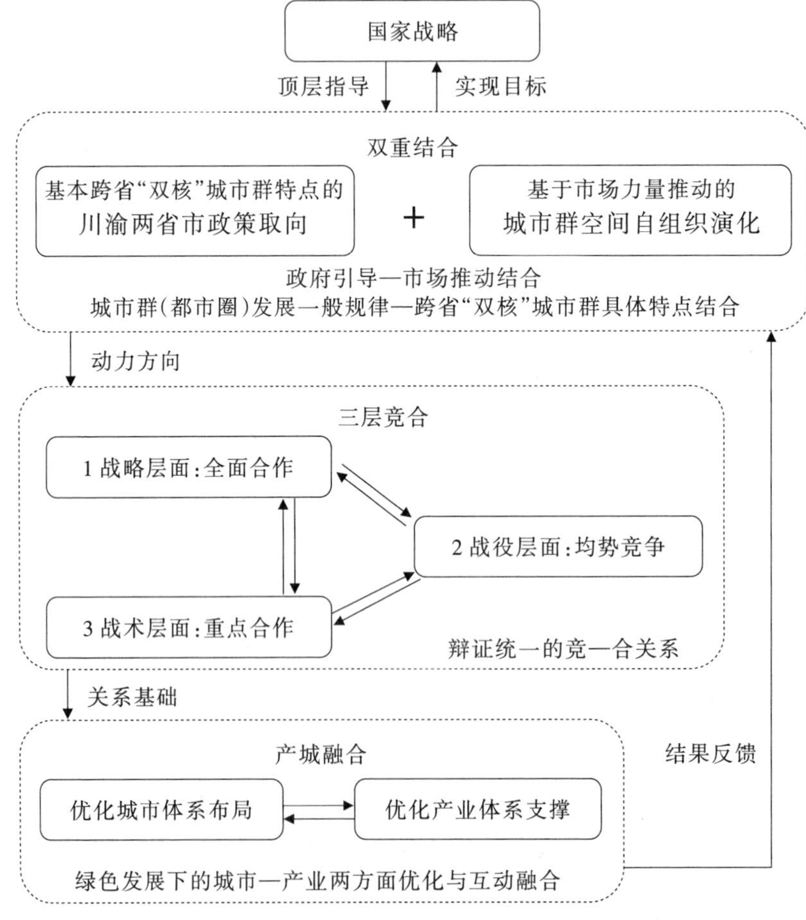


**图6-1　成渝地区双城经济圈未来发展路径示意图**

## 二、新型竞合发展关系构建

### (一)凝聚整体发展的战略合作共识

从全国区域发展的总体格局来看,东部沿海地区的长三角、珠三角和京津冀三大城市群作为全国的经济"中心",其发展水平远高于中西部内陆地区的各城市群(都市圈)。在构成内陆"亚中心"的重点城市群(都市圈)中,武汉都市圈、关中都市圈也具有较强的区域竞争力,要使成渝地区双城经济圈在内陆"亚中心"构建中发挥应有的引领作用,并助推形成内陆"亚中心"与沿海"中心"的分层集聚发展格局,必须将成渝地区双城经济圈进一步发展壮大。因此,成渝地区双城经济圈首先必须是一个整体,在事关整体发展大局的战略层面,必须强调全面合作发展的主基调。只有川渝两省市共同向国家争取支持,才能得到国家层面的更大重视、更多倾斜,赋予成渝地区双城经济圈更重要的战略定位,并在重大基础设施、重大战略平台等资源配置上给予成渝地区双城经济圈更多机会。只有川渝两省市充分凝聚起共同推动成渝地区双城经济圈的全面合作共识,重庆和成都两大中心城市及其服务辐射的其他主要城市才能有机聚合在一起,才能成为规模体量更大、总体竞争力更强、在全国更有影响的城市群。

### (二)在有序竞争中动态维持"双核"均势

正确看待城际合作与竞争,应该对一味强调合作或片面夸大竞争积极意义的传统竞合观进行反思,特别是前一种观点更需要重新审视。我们认为重庆、成都两大中心城市在战役层面的竞争可以相互磨砺,使双方在竞争中增强实力。如果竞争标的是完全独占型的资源、只能有一方胜出,则经过竞争的胜出方必将具备比不竞争时更强的实力,对"双核"城市群整体而言是实力的提高;如果竞争标的虽然稀缺但非完全独占型的(可以多方均受益),那么竞争也可能使双方的实力都得到增强,从而在超越本城市群的更大区域范围内成为共同的赢家。竞争过程中的公平有序、竞争结果的总体平衡即为均势①,只要维持长期发展中的整体均势格局,战役层面的竞争就有助于两大中心城市共

① 在每次具体的竞争中双方可能互有输赢得失,但在长期发展中双方的综合实力动态保持均势平衡。

同提升成渝地区双城经济圈的整体实力，并且也有利于通过不同领域的反复竞争逐步形成符合各自比较优势的分工协作体系。这种战役层面的均势竞争关系，也正是我们基于跨省“双核”城市群特点所倡导的未来发展新路径的重要特征，最突出是体现在重庆和成都两大中心城市及对应的双都市圈之间，其他体量相当、势均力敌的城市之间也应如此。

### (三)加大若干重点领域的合作力度

一是互联互通合作。以重庆、成都两大中心城市为交通枢纽，重点推动高速铁路和高速公路网络建设合作，实现两大中心城市之间、各主要城市与对应中心城市之间1小时通达。按照市场化方式整合长江上游航道及各港口运力，既避免四川省货物故意绕开重庆市相关港口下水，也避免四川省各港口在重庆市航运优势下难以发展，完全依据最有利于充分利用黄金水道和节省综合物流成本的原则进行航运及多式联运的组织协调。构建重庆与成都两大航空枢纽的合理分工，特别是在国际航线布局上按照总量均衡、国别/地区错位进行布局，避免客源总量不足仍重复布局导致恶性竞争。

二是管理服务合作。推动川渝两省市构建统一市场，并在工商、质监、食药监、税务、知识产权等市场监管领域信息共享、资质互认、品牌互认、执法互助，鼓励注册在一方的企业到对方辖区开拓市场，避免一方已通过认定(或发现问题)的企业或商品等在另一省市需重新认定(或没有引起监管重视)。开展川渝两省市公共服务对接，帮助在成渝地区双城经济圈内跨省市流动的人口在就业、教育、医疗卫生、社会保障等基本公共服务供给方面得到常住地居民的平等权利，在治安综合治理等方面开展合作。

三是绿色发展基础保障合作。按照长江经济带绿色发展的总体要求，建立并完善成渝地区双城经济圈各主要城市的大气污染预警应急及联防联控信息网络和工作对接机制；建立长江、嘉陵江等上下游之间的水环境监测和水污染防治对接机制。共同谋划推进跨区域重大提水、调水项目，缓解渝西和川东等地缺水问题；共同构建电、油、气等管网通道，提高现有电力通道利用效率，根据发展需要适时推进新的川渝输电通道建设。

### (四)三个层次竞合关系的辩证统一

川渝两省市历史渊源深厚,推动区域合作可以通过相互资源共享、市场互利、政策互惠等不同的传导机制实现整个“双核”城市群的更好发展,因此合作带来的好处是自不待言的。在战略层面全面合作、战术层面(具体领域的事务)重点合作的同时,也不可避免会存在战役层面的竞争,既有两大中心城市之间综合经济实力、区域经济地位和对外影响力的竞争,也有两省市之间整体竞争力的较量。哪个省市的整体发展水平越高、中心城市与腹地城市之间的经济关联更紧密,则中心城市能得到腹地城市更大的支撑,而外围腹地城市也能得到中心城市更好的服务和辐射带动。四川在“强省会”发展策略下导致省内地区差距过大,重庆在“扁平化”城市体系下导致次级城市发展不足,这些都是不利于中心城市与腹地协调共进的,需要反思和改进。

战役层面的竞争无论在市场化招商引资与产品销售,还是政府性基础设施与高等级战略平台布局等资源配置方面都会始终存在,但这种竞争必须维持一种均势,重庆和成都两大中心城市(及其周边区域)的综合实力与区域地位均势。如果现实发展大幅度偏离这种均势格局,就会影响甚至破坏战略层面的全面合作和战术层面的重点合作,特别是处于不利地位一方的地方政府可能会选择消极对待合作、以行政壁垒割裂整个“双核”城市群,甚至走向恶性对立的竞争。只有均势格局得以较长时期维持,才能确保两大中心城市在以合作为基础的良性有序竞争中共同引领成渝地区双城经济圈发展壮大,这符合跨省“双核”城市群的内在特点。因此,合作是赛势发展竞争中的合作,竞争是多层次合作基础上的均势竞争,合作与竞争两种状态作为矛盾的双方既相互对立又相互转化,并通过矛盾对立与转化形成强大的内生发展动力,辩证地统一于成渝地区双城经济圈发展的全过程。

## 三、产城融合发展体系构建

### (一)促进工业化与城市化协同发展

通常认为,工业化是一国(或地区)人均收入和经济结构随着工业发展而发生连续变化的过程(陈佳贵等,2006)。相关工业化理论和发达经济体实践表明,工业化不仅仅是工业的发展,而应该从广义上理解为整个国民经济三次产业的不断发展和结构升级演进，工业发展是工业化最初得以启动的引擎，而一国（或地区）在工业化进程中会先后出现“一二三”、“二一三”、“二三一”、“三二一”的产业结构次第更替，这是工业化进程中三次产业发展的内在规律。而产业发展中呈现出的这种规律又和城市化进程紧密联系在一起，在中国也不例外。尹虹潘和刘渝琳（2016a）按照“二元经济+二元制度”的框架建立了改革开放以来中国特色城市化演进路径的理论模型，模型模拟的结果表明三次产业结构次第更替与城市化演进之间具有内在一致性，工业化与城市化能够相互促进。这种双向互促的内生关系，为产城融合发展提供了基础理论依据，因此应该根据成渝地区双城经济圈的整体城市化水平科学引导产业结构优化调整方向，同时也需要根据城市群内各具体区域的城市化水平来合理确定差异化的产业结构层次和具体产业选择，使三次产业发展（工业化）的进程与城市发展（城市化）的进程实现全面协同。

### （二）促进城市之间的产业分工协作

不同规模等级的城市之间存在内生产业分工协作机制。从 Krugman（1991b）开始的一系列新经济地理模型都揭示了人口和企业（产业）具有集聚发展的特征，规模大、等级高的城市往往集聚了更多的工业企业。因此，在集聚经济的适度人口规模区间之内，通常是人口规模越大的城市工业经济越发达，这种发达表现在两个方面，一是具有比小规模城市更多的工业企业数量、更大的工业经济规模体量，二是能比小规模城市生产更多种类的异质性工业产品。而当城市人口规模达到一定水平（超过集聚经济的适度规模区间）后产业结构又将发生新的变化，根据尹虹潘和刘渝琳（2016a）的观点，城市人口规模增大时工业企业数量、工业经济体量也随之增大，而现代服务业、特别是生产性服务业在很大程度上是作为工业生产的派生需求而存在和发展的，这会带来服务业的较大发展，并且可能是更快于工业的发展，因此结果就是现代服务业更多集聚在规模更大的城市。

科学分析成渝地区双城经济圈“双核”及其他城市的规模与产业结构梯次分工。综合上述理论分析的结论，可以把成渝地区双城经济圈的主要城市分为三个梯次。第一梯次是重庆和成都两大中心城市，其现代服务业必然比城市群内的其他城市更为发达、在经济中的占比更高，反过来也就是工业经济占比可能会低一些。但相比两大中心城市的经济体量而言，即使工业经济占比略低，也并不意味着其他城市在工业经济的绝对体量上能超过两大中心城市。第二梯次是两大中心城市之外规模相对更大的次级城市，如绵阳、南充、乐山、宜宾、万州、涪陵等，这些城市的工业经济发展水平也可能是相对较高的。第三梯次则是规模更小一些的城市，如雅安、黔江等，这些城市的工业经济发展水平比第二梯次的城市低，整体的产业结构层次也可能更低。当然，这是只考虑地级及以上城市的梯次划分结果，如果把全部县城、小城镇纳入分析范围，那么可以划分的梯次就会更多。

# 第七章　促进“亚中心”的集聚

## 第一节　分层集聚符合中国的现实

适合中国的区域协调发展格局和机制，只能建立在中国的现实基础上，中国经济的现实可以大致概括为三个特点，即“大国经济+二元经济+开放经济”。“大国经济”是对中国超大国土空间、超大人口规模、超大经济体量等国情特点的基本总结，特别是超大国土空间的特点使得区域发展布局面临多样化的选择，我们必须思考如何优化资源在空间上的配置，以达到更好的发展结果。“二元经济”是对中国当前所处阶段的基本判断，在中华人民共和国建立前全国总体上处于以农业为主的发展阶段，经过70多年的发展，现在已经达到较高的工业化和城市化水平，但尚未完全消除城乡之间的差距实现完全融合发展。“开放经济”则是中国改革开放以来所选择的经济发展路径，这样可以更好借助国内国际两个市场、两种资源推动中国特色社会主义经济全面发展。正是基于中国国情的这三个特点，在第一章中我们就为全国区域协调发展勾勒出一个“中心—亚中心—外围”的空间布局模式，这种空间布局模式对应的协调发展机制就是分层集聚（并带来错位分工、优势互补的效果）。区域发展中的空间布局模式（区域发展格局）与对应的协调发展机制是“一体两面”的关系，若给定某种空间布局模式则必然会要求其背后有与之匹配的特定协调发展机制作为基础支撑，而给定某种协调发展机制其结果也必将形成与之匹配的特定区域发展格局。

### 一、集聚有利于更平衡更充分发展

每个经济主体总是会在给定的外部条件下，基于自身利益和偏好为每项经济活动选择一个发生的地点(区位)。一个国家(或地区)全部经济活动发生的区位构成的集合,投影在地理空间上所展现的区域经济景观,就是该国(或地区)的区域发展格局。集聚的区位在哪里、集聚的程度有多大等是区域发展格局的关键特征,这些特征直接关系到各种经济资源的空间配置,并影响到经济的总体发展绩效和区际福利分配。一方面,集聚可以通过不同经济主体之间的技术"溢出"带来正外部性,也可以通过降低广义的交易成本(包括搜寻成本在内)使经济主体获得更大收益等;另一方面,随着集聚程度的提高也可能带来"拥挤"、竞争加剧等负面影响。集聚的净效应取决于前述两方面的效应孰大孰小,一般认为随着集聚程度的提高总体会呈现出非线性的变化,在某个"门槛"之下集聚带来的正效应更大,即集聚经济,而在"门槛"之上则负效应更大,即集聚不经济。

### (一)集聚有利于全国整体的更充分发展

区域发展格局的形成与演变同时受到微观和宏观层面的影响,其中微观层面主要是不同经济主体在市场机制作用下自发形成的自组织力量,而宏观层面主要是各级政府在国家战略意图和目标指引下对区域发展进行干预形成的他组织力量。在集聚经济的状态下,经济主体往往更愿意选择那些同时也被其他很多经济主体选择的区位,这样的选择可以使经济主体获得最大化的收益,于是在长期就会形成人口与经济的空间集聚。不管是完全均质的初始空间下随机与偶然因素决定了早期的集聚地点,还是非均质初始空间下少数先天条件较好的特定地点更大概率形成最早的集聚,或者甚至有其他人为干预因素也影响了集聚发生的地点,只要集聚区位一旦被确定下来,后续的演化大体上就是众多经济主体被集聚经济带来的好处无形地牵引着去不断强化历史形成的集聚区域发展格局,直到集聚程度过高而转入到集聚不经济的区间。

这是因为,在集聚经济的区间内,自组织和他组织两种力量都将选择集聚。微观经济主体通常都是基于收益最大化来进行决策的,如果集聚可以比分散获得更大的收益,那么经济主体的选择就是集聚,自组织的力量当然会驱使经济主体选择集聚。最大的他组织干预力量一般来自政府的政策调控，政府的一个重要目标也是让经济得到更大发展，人民的收入水平提高和政府公共服务供给能力的提高在很大程度上都是以经济发展为基础的，集聚本身就意味着更多经济主体选址于此，区域内经济主体数量增加，并且集聚还会带来单个经济主体的更大发展，那么集聚对于区域经济总体发展的双重促进自然会得到政府的欢迎，于是政府的理性选择就是支持区域内经济主体的集聚程度提高。事实上，改革开放40多年来，中国东部沿海地区、特别是三大城市群，就是依靠高水平的集聚实现了远比中西部内陆地区更好的发展成效，从而成了中国的经济“中心”。从全国来看，人口与经济集聚的程度还并不高，实现整体的更充分发展还需要进一步提高集聚发展的水平；并且“大国经济”下的超大人口与经济体量、“开放经济”下国内国外市场与资源的双循环互促，也能够支撑中国整体上实现更高水平的集聚发展。

（二）集聚有利于人均意义的更平衡发展

从经济主体的选择来看，集聚之所以会发生是因为集聚能给经济主体带来更大的个体收益，如单个企业的更大利润、单个就业者的更高收入等，而这本身也就意味着同一个经济主体在集聚区域获得的个体收益高于其在非集聚区域的收益、在高集聚度区域获得的个体收益高于其在低集聚度区域的收益。也即是说，在其他条件都相同的情况下，经济主体所处区域的集聚水平高低将决定经济主体的个体收益大小。那么，如果要使两个区域的经济主体获得更加平衡的个体收益，只需要调整两个区域的集聚水平就可以了。具体的实现方式，要么将高集聚度区域的部分经济主体迁移到低集聚度的区域，使两个区域的集聚度相等；要么将低集聚度区域的经济主体都迁移到高集聚度区域，这样所有的经济主体全部处在同一个区域，对每个经济主体而言也面临相同的集聚度。单纯从追求平衡的角度讲，上述两种方式都可以达到平衡的结果，但在两种方式达到的平衡却是不同的。

第一种方式下，原来低集聚度区域的经济主体是收益上升的，因为随着更多新经济主体的迁入，该区域的集聚度比原来提高，这可以使该区域内原有微观经济主体的个体收益增加；但对新迁入该区域的经济主体来说，是从高集聚度区域迁入低集聚度区域，即使在其迁入后形成的新集聚度（比他们迁入前的低集聚度区域更高），也仍是低于其原来所在的高集聚度区域的，故其个体收益将会减少；原来高集聚度区域内没有迁出的经济主体，也会因为所在区域的集聚度降低（部分经济主体迁出导致），而使其个体收益减少。从全部经济主体的损益来看，原来处于高集聚度区域的经济主体都是收益减少的，这个群体内的经济主体数量恰恰是相对更多的；原来处于低集聚度区域的经济主体得到了更大收益，但这个群体内的经济主体数量却相对更少。由此可见，这种方式不但不符合帕累托改进，反而更多经济主体是受损的，得到的是一个低水平的平衡。

第二种方式下，全部经济主体都集聚在同一个区域后，形成的新集聚度将大于原来两个区域中任意一者的集聚度，由此可知所有经济主体的收益都会得到增加，唯一有所区别的仅仅是谁的收益增加得更多而已。其中，原来高集聚度区域经济主体的收益本身是更多的，原来低集聚度区域的收益本身更少，最终都变成了相同的收益，因此原来高集聚度区域的收益增加的幅度相对更小，而原来低集聚度区域的收益增加幅度则更大。但总的来说，所有的经济主体都从中受益，没有经济主体受到收益上的损失，是一个真正的帕累托改进过程。由此可以知道，通过集聚（而非第一种方式下的分散），可以使不同经济主体的收益实现相对更高水平的平衡；并且，如果充分尊重经济主体意愿而不进行强制的人为干预，第一种达到平衡的方式甚至不具有可行性，因为没有哪个经济主体会愿意自身收益受损，更何况还是占大多数的经济主体都受损。

### 二、"亚中心"在多方面处于中间层

既然集聚度的提高可以带来更平衡更充分的发展，那么是不是集聚度越高越好，最好是全部经济主体都集聚在同一个区域？答案并不一定总是肯定的，集聚度相对较低的空间格局并不必然会无条件向集聚度相对较高的空间

格局演化。如果要想得到肯定的答案必须满足几个前提条件:一是每一个经济主体进入后带来的集聚度提高,都不会使得集聚经济转为集聚不经济;二是引致集聚度提高的每一个经济主体进入,带给该经济主体的全部迁移成本,至少不会大于经济主体因此而获得的全部收益增长。前者决定了某区域集聚规模的上限,或者说是最优集聚度,是一个“非黑洞”条件,该条件的存在表明任意区域集聚都是有限度的;后者给出了现实环境中经济主体的区位选择机制,该条件的存在表明高集聚度区域未必是最优选择,地理性、制度性、结构性等各种迁移成本都会影响经济主体的选择。由此可知,也许在高度集聚(但并不能集聚全部经济主体)的“中心”之外,并非不会产生其他的集聚,因此也就不仅仅是纯粹的“外围”,还可能有介于“中心”与“外围”之间的中间层。我们将此称为“亚中心”就是想表明它是一个中间层,而且它在很多方面都处于全国的中间层,这种中间层恰恰是高与低两种极端状态得到调和的产物,因此能更好地兼顾不同的诉求。

### (一)“亚中心”在地理上处于中国内陆的中心

从区域经济发展规律来看,地理中心的区位使得“亚中心”区域无论从东中西还是北中南来划分都处于中间,在全国“东高西低”的区域发展现状下,它却躲过了沿海“中心”的“屏蔽效应”又得到广大“外围”的腹地支撑,成为东与西、高与低之间的“第二峰值”,而全国“南快北慢”的态势在一定程度上也是因为它地处南北中间地带而其内部的更多城市群或都市圈(如成渝、武汉等)基于传统习惯被划为南方。从宏观层面的战略需要来看,“一带一路”建设要求陆海内外联动、东西双向互济,它不但处在东与西之间,而且是贯通陆与海的中间枢纽;形成以国内大循环为主体、国内国际双循环相互促进的新发展格局,要求在更高水平上统筹发挥内需潜力和扩大对外开放,“亚中心”所处的地理中心位置既是最有效辐射国内市场的区位,又是内陆开放的前沿,是有机联结国内和国际的中间纽带。从微观层面的人口流向选择来看,更加偏好高收入的人选择沿海“中心”,更加偏好与家乡近距离的人选择留在“外围”家乡,而那些既希望提高一定收入又不愿远离家乡的人可以进入“亚中心”这个中间层（收入和距离都介于“中心”与“外围”之间）。前述优势都不同程度与“亚中心”在地理区位上的中间层特点有关，且适应了中国“大国经济+开放经济”发展的需要。

### （二）“亚中心”在制度上二元分割的程度居中

除了我们在本书中比较关注的“大国经济”地理因素之外，还有很多研究更多强调了“二元经济”下制度因素对区域发展的影响，特别是城乡二元制度的分割，阻碍了农业转移人口的自由流动，不利于优势区域的更好集聚发展。中国东部沿海三大城市群的主要中心城市都是一线城市，虽然优质公共服务资源多、服务水平高，但也为新落户者设定了较高的“门槛”（第一章第二节中分析了可能的成因），特别是农业转移人口想在这些一线城市落户并平等享受其基本公共服务相对比较困难。反观内陆“亚中心”的三个重点城市群（都市圈）主要由强二线城市（近年来也有新一线城市的提法）作为中心城市，如重庆、成都、武汉、西安等，其公共服务水平可能不如一线城市，但却以较低的“门槛”把基本公共服务都提供给了在这些城市稳定就业的外来人口（包括农业转移人口），这对难以达到一线城市高“门槛”的人群来说，自然是比一线城市“玻璃门”更切实际的选择。与此同时，“亚中心”的中心城市比“外围”区域三、四线城市的优质公共服务资源更多，在都是低“门槛”的情况下，“亚中心”是相对更好的选择。“亚中心”在城乡二元制度分割程度上的中间层特点，又使得以农业转移人口为主体的众多流动人口能找到合意的归宿，满足了让更多农业转移人口通过市民化过上美好生活的需要。在此过程中，更多农业转移人口与适合他们的工作机会得到更好匹配，在增加国内有效供给的同时又通过提高人口收入增加了国内需求，从供求两个方面为构建更加顺畅的国内大循环夯实了基础。

### （三）“亚中心”在结构上处于适中的发展水平

“亚中心”的城乡结构（城市化水平）、三次产业结构（工业化水平）也处于适中的发展水平,没有“中心”那么高级,但又比“外围”更高级。其中,“亚中心”城市化水平没有“中心”高,意味着可能还有相对更大的农业转移人口进城潜力,这为“亚中心”的产业发展提供了更多的潜在劳动力供给;而工业化水平没有“中心”高则表明第二产业(特别是制造业)的比重相对更高、第三产业(现代服务业)的比重相对略低,恰好需要的也是知识技能等素质适中的农业转移人口,由此也使得“亚中心”在劳动力供给与需求的数量与结构上都能得到较好的匹配。反观“中心”的产业结构日益高级化(“中心”内部的二线城市略好),对高技能人才的需求不断增加,而对农业转移人口等知识技能相对偏低的劳动力需求在减少,使得农业转移人口在“中心”的就业机会减少。第四章第三节的分析中也提到,有研究表明高技能人才的增加可以同时创造出与之互补的低技能就业岗位,但尹虹潘和刘姝伶(2020)指出目前中国大城市中的高技能人才比例偏低、其创造出的技能互补型就业岗位数量本身不会太多,尚不能与制造业等对就业的吸纳能力相比,并且沿海地区创造出的这种技能互补型就业岗位可能更多是被沿海本地农业转移人口获得了,而众多来自中西部内陆地区的农业转移人口因方言、饮食和生活习惯等不同不太容易得到此类就业岗位。至于“外围”地区的城市,可能第二产业又没有“亚中心”这么发达,对农业转移人口的就业吸纳能力也会相对比较弱,即工业化水平对就业机会的影响是倒“U”形的。除此之外,“亚中心”的收入虽然不如“中心”高,但生活与居住成本(特别是房价)也是更低的,在放开户籍等二元制度分割的情况下纯粹从经济因素角度看也可能会比“中心”的长期定居成本低,对农业转移人口来说未必不是比“中心”更好的现实选择。并且我们猜测[①],由于“亚中心”生活与居住成本低于“中心”,相对更低的生活压力可能会使“亚中心”适龄人口的生育意愿高于“中心”,再加上“亚中心”的教育、医疗、文化等基本公共服务水平仅次于“中心”而大大高于“外围”,那么“亚中心”有可能成为人口数量与质量都更加可持续发展的区域。

① 这种猜测更多还只是基于我们的逻辑推断和直觉,需要进行深入的专门研究来给出更准确的答案。

## 三、“中心—亚中心—外围”分层集聚格局

进一步集聚发展有助于化解新时代的社会主要矛盾，促进区域更平衡更充分地发展。沿海地区(特别是三大城市群)作为已经率先发展起来的全国经济“中心”，集聚发展水平较高，已经成为引领中国经济高质量发展的第一梯队。但沿海地区不可能像“黑洞”一样集聚全国所有人口，也不可能因此而解决好当前全国区域发展中的所有问题，更不可能单独实现新时代国家战略赋予的全部目标。与此同时，内陆“亚中心”区域在多个方面处于全国的中间层，并由此获得了很多独特的优势，这些优势的发挥有助于弥补沿海“中心”的不足。那么，内陆“亚中心”与沿海“中心”一道分层集聚发展、共同辐射带动“外围”区域，自东向西形成“‘一路’—中心—亚中心—外围—‘一带’”的全国经济地理格局，将有力地助推全国区域协调发展和全面对外开放，并服务于构建以国内大循环为主体、国内国际双循环相互促进的新发展格局。

沿海“中心”以京津冀、长三角、粤港澳大湾区三大城市群为代表，还包括沿海其他相对发达的省份，可以就地吸纳沿海各省份农业转移人口(“高处”与“近处”重叠)，并重点吸纳有较高收入增长诉求(更偏好“高处”，通常素质也更高)的中西部迁移人口，是全国最主要的集聚发展区域。一方面借助集聚经济的优势实现更充分的高质量发展，形成具有世界影响力的城市群，衔接“一带一路”、特别是21世纪海上丝绸之路建设，继续巩固提升在国际大循环中的优势和地位，作为整个国家综合实力的代表进一步走近国际经济舞台的中心。另一方面依托较高发展效率带来的更多发展成果，为新老市民提供高水平的美好生活。

内陆“亚中心”，以成渝地区双城经济圈等为代表，并与武汉、关中都市圈共同形成，主要吸纳各自省市内部以及中西部广大“外围”腹地有一定收入增长诉求但又不愿意迁移太远距离的农业转移人口(对“高处”与“近处”的折中平衡)，是内陆地区最重要的集聚发展区域。一方面对接沿海“中心”，通过优势互补与分工合作接受“中心”的带动，不断提高自身集聚发展水平和发展效

率；另一方面不断改善综合交通网络，更加便捷地连接和服务于“外围”腹地，有机联结“一带一路”和长江经济带、黄河流域，成为引领内陆开放（特别是向西、向南开放）的战略高地，兼顾国内国际双循环的相互促进。并通过更高质量的充分发展，为集聚在“亚中心”区域的人民提供更高品质的美好生活，也为由于各种原因继续留在“外围”生活就业的人口，提供近距离的高水平综合服务。

“外围”区域是接受“中心”或“亚中心”辐射的其他省份，按照主体功能区划分和定位，主要依托省会城市和重点地级城市，吸纳本省份内部对收入增长诉求相对较弱（但仍有增收需要）的农业转移人口（更偏好“近处”），根据自身发展条件形成适度集聚，发挥好全面对外开放的重要“门户”作用。鼓励和引导超过资源环境承载能力的人口、对收入水平有更高追求的人口有序向“中心”和“亚中心”等优势城市群（都市圈）分层集聚，以减轻自身的生态环境保护和经济发展压力。并在“中心”和“亚中心”的共同帮助下，借助转移支付等共享发展机制，努力为“减载”之后的更少剩余人口提供与“中心”和“亚中心”水平大致相当的美好生活，同时着力增强在粮食安全、生态安全、边疆安全等方面的战略性保障功能，更好实现国家总体战略的多维目标。

## 第二节　增强“亚中心”集聚能力

集聚发展是内陆三个重点城市群（都市圈）构建“亚中心”的有效路径，形成全国人口与经济的第二层级集聚区域也是内陆“亚中心”应该实现的目标，因此促进“亚中心”集聚发展成为一个关键，可以主要从四方面入手来进一步增强“亚中心”的集聚能力。构建起顺畅的内外通道体系，有助于降低周边“外围”腹地各种要素资源向“亚中心”流动与集聚的成本；建好成渝地区双城经济圈等代表性城市群（都市圈），可以更好树立“亚中心”集聚发展的标杆以发挥重要的引领示范作用；不断增强产业发展的基础支撑，可以令“亚中心”的集聚发展有坚实的产业基础来吸引就业与创业人口的集聚；完善综合发展保障，则是从形成合理的资源配置体系、有效发挥集聚优势和克服集聚引致的负面影响等不同侧面为“亚中心”的集聚发展保驾护航以使其行稳致远。

## 一、构建内外通道体系

交通基础设施存量对区域经济增长有正向促进作用(刘勇,2010),如果建设滞后将会导致整体经济效率低下(赵坚,2009)。重大交通基础设施可以强化既有的集聚区位优势,使其对外联系更加便捷,物流运输成本更趋降低,也有利于推动不同集聚区位之间的协调互动发展,应加快完善“亚中心”连接“中心”、“外围”的便捷交通网络,帮助“亚中心”增强集聚能力。重点是更加高效利用长江黄金水道,同时国家可以在高速铁路、重载铁路等重大基础设施布局方面适度向“亚中心”倾斜,降低“亚中心”承接“中心”带动、服务“外围”腹地的人口、货物等流动成本,同时基于对区域优势的“再发现”扬长补短,减少内陆的地理区位劣势影响。在对外开放大通道构建方面,“亚中心”始终走在了全国前列,中欧班列(重庆)的最早开行(原“渝新欧”班列),以及后来的国际陆海贸易新通道建设,就在借助内陆腹心区位优势有机联结“一带”与“一路”以及长江经济带、服务国家战略方面做出了有益探索。以下主要分析有助于提升内陆“亚中心”集聚能力的国内通道。

### (一)“亚中心”内部通道

内陆“亚中心”由四个中心城市、三个重点城市群(都市圈)共同构成,在交通设施建设上还稍显滞后,不能完全满足未来发展需要,内部通道的不断完善有利于不同城市群(都市圈)在发展中形成合力。应该通过一批大通道建设,形成重庆、成都、武汉、西安等具有全国乃至国际影响的综合交通枢纽,使西南、西北、华中地区能够便捷地互联互通,而由于相关各省份之间的联系在一定程度上还受到秦岭和大巴山区等地形地貌的影响和制约,会给大通道建设增加困难,因此应该更加重视。具体通道包括:(1)武汉—重庆—成都一线的水路、高速铁路、重载铁路、高速公路综合大通道,以及该三个中心城市连接西安的高速铁路、高速公路综合大通道,促进四个中心城市、三个重点城市群(都市圈）对接发展。（2）成渝地区双城经济圈内部重庆—成都“双核”之间、“双核”与周边次级城市的高密度高速公路、高速铁路和其他城际轨道交通，武汉都市圈和关中都市圈内部武汉与周边次级城市、西安与周边次级城市的高密度高速公路、高速铁路等。其中，特别要重视城市群（都市圈）内部的城际轨道交通建设，使中心城市的城区轨道交通、中心城市—次级城市的城际轨道交通实现无缝融合与公交化运行[①]，这是推动三个重点城市群（都市圈）各自内部实现高度一体化发展的通勤基础，即轨道上的城市群（都市圈）。

### （二）“中心—亚中心”连接通道

区际连接通道建设有利于增强区域发展互动，为沿海—内陆东西互济、陆海联动奠定更加坚实的基础。一方面使内陆“亚中心”的大宗商品通过完善的陆海联运通道体系便捷出海，通达众多的环太平洋国家（地区），建设好21世纪海上丝绸之路，另一方面也使沿海“中心”的高附加值商品经过内陆“亚中心”从陆上大通道更快到达中亚和欧洲国家（地区），建设好丝绸之路经济带，使“一带一路”同长江经济带、黄河流域有机联结，使国内区域协调发展与全面对外开放结合，使国内国际双循环相互促进。具体连接通道包括：一是沿长江以及相同走向的铁路和高速公路等交通干线连接“亚中心”内武汉都市圈与“中心”长三角城市群的东西向大通道。二是沿陇海线连接“中心”长三角城市群和“亚中心”关中都市圈的大通道，该通道向西延伸经兰新线可以进一步通往中亚、欧洲。三是沿京广线形成“中心”京津冀城市群—“亚中心”武汉都市圈—“中心”粤港澳大湾区的高速铁路（含加密复线）、高速公路综合大通道。四是“中心”京津冀城市群—山西/河南—“亚中心”关中都市圈/成渝地区双城

① 所谓无缝融合指的是，同一都市圈内部的中心城市A和某次级城市B，城市A的内部轨道交通线路与城市A到城市B的城际轨道交通线路可以在站内甚至同站台换乘。所谓公交化运行指的是，城市A到城市B的城际轨道交通，不是像目前国内的火车一样每天只有不多的几个班次、且需要提前购买某个特定班次的车票才能乘坐，而是如同城市A内部的轨道交通一样每隔几分钟就有一个班次、无需提前购买某班次的车票而可以仅凭一张公交卡、二维码甚至“刷脸”就随到随走；进出站的程序也像城市内部轨道交通一样方便，而不是像火车站那样繁琐，前提是以先进技术保障安检效果但简化流程。

经济圈—滇中的高速铁路、高速公路综合大通道。五是“亚中心”成渝地区双城经济圈—湖南—“中心”粤港澳大湾区的高速铁路、高速公路综合大通道。这些大通道建成后，将会对“中心”与“亚中心”之间的经济地理重构形成有力的支撑作用。

### （三）“亚中心”服务国家的战略性通道

内陆“亚中心”不仅仅是要搞好经济发展，同时也要在更深层次上服务国家战略需要，这里特别要说的是连接“亚中心”与西部边疆地带的战略通道。西部边疆安全与长治久安关系到国家安全和稳定发展的战略全局，这不直接属于经济发展任务，但从根本上影响着中国的经济地理格局，因此必须完善连接“亚中心”与西部边疆地带的战略通道。一是进藏大通道，包括：(1)“亚中心”关中都市圈—兰州—青海—西藏战略大通道、“亚中心”关中都市圈/成渝地区双城经济圈—兰州—新疆战略大通道，以目前的青藏、兰渝—兰新铁路为基础，研究和规划建设相同走向的高速公路、高速铁路等其他重大交通基础设施，形成综合性的战略大通道，提高运输保障能力。(2)“亚中心”成渝地区双城经济圈—(云南)—西藏—(青海)—新疆大通道，加快形成以成渝地区为战略保障中心，经川藏线直接进藏(并行滇藏线经云南进藏)再直接进入南疆(并行经青海连接现有兰新铁路进新疆)的铁路和公路等综合大通道，与现有的以兰州为枢纽的通道形成双向贯通的环线，改变长期以来内陆进藏、进疆过度依赖兰州作为单一枢纽的格局，打通多条通道增强特殊情况下的抗风险能力和战略保障能力。

## 二、建好代表性城市群

成渝、武汉、关中三个内陆重点城市群(都市圈)都是“亚中心”的重要组成部分，分别发挥着不同的战略功能和作用，建好这些城市群(都市圈)是内陆“亚中心”形成全国第二层级集聚区域的关键基础。特别是成渝地区双城经济圈作为其中的代表性城市群，是内陆“亚中心”人口与经济规模最大、空间结构最复杂的跨省“双核”城市群，并且得到了国家战略的更多青睐，在构建内陆

“亚中心”的过程中建好成渝地区双城经济圈这个代表性城市群具有重要的引领和示范意义，有助于为“亚中心”形成更加坚实的支撑。

### （一）按照均势格局壮大“双核”

发展壮大重庆和成都“双核”。按照中央对成渝地区双城经济圈建设的战略部署，提升重庆和成都两大中心城市的带动能力，并且以“双核”为依托促进邻近城市同城化发展构建双都市圈，逐步壮大整个城市群的综合实力。重庆主城都市区的中心城区重点应高水平推动重庆两江新区、中国西部（重庆）科学城、中新（重庆）战略性互联互通项目和中国（重庆）自由贸易试验区等国家级战略平台建设，突出“两中心两地”的要求，强化科技创新中心、立体交通物流枢纽、国际交流、商旅文融合发展，增强集聚力和辐射力。重庆主城都市区外围重点培育壮大涪陵、永川、合川、长寿等次级城市，加大与周边的四川广安、泸州等次级城市一体化发展力度，并注重对达州、万州、黔江等城市的辐射带动。成都以市区为中心，着力建设四川天府新区、中国西部（成都）科学城、中国（四川）自由贸易试验区，突出科技、文创、商贸和航空等功能完善和地位提升，完善对外开放平台，提升竞争力。成都周边区域重点培育壮大德阳、资阳、眉山等次级城市，促进绵阳、乐山等次级城市优化提升，以一体化形成更大的集聚和辐射能力。

维持“双核”均势格局。在“双核”发展进程中，首先体现的是川渝两省市在战略层面的全面合作，特别是重庆就直接辐射周边的多座四川省地级城市，没有两省市打破行政区划藩篱的战略合作，就不可能有成渝地区双城经济圈总体格局的形成；其次也有战术层面的重点合作，包括“双核”之间的交通对接、具体产业分工等重点领域的合作，否则就会出现大量“断头路”，一些产业也会因配套不完善而难以集群式发展等。但基于竞合辩证关系，“双核”之间也必然存在各个方面的竞争，但需特别注意的是应该在较长时期内促进竞争过程的公平有序和竞争结果的基本平衡，维持一种均势竞争格局。虽然在很多新经济地理模型情境下“对称均衡”是一种不稳定的长期均衡状态，但我们认为在中国特色社会主义市场经济体制下，川渝两省市地方政府一定能按照国家战略指导，通过“市场在资源配置中起决定性作用和更好发挥政府作用”的发展机制，在较长时期中共同维持好这种动态的均势发展格局。

### （二）破解成渝中间地带经济“凹陷”

在重庆直辖以来的成渝地区发展历程中，成渝中间地带的主要城市在整个地区中的相对经济规模都出现了下降，其中既有市场力量作用下空间自组织规律推动要素向“双核”集聚带来的影响，也有重庆直辖后较长时期里四川省内区域发展政策取向的他组织影响。以上两方面因素都引致了以“双核”及其邻近区域为重点的发展布局，成渝中间地带既受到双重“虹吸”又没有得到足够的政府性资源配置支持，因此难免出现整体性的经济“凹陷”。这也成为成渝地区发展格局演变中一个较为突出的局限和“短板”，不利于增强城市群的整体实力，要弥补这个“短板”必须从引导空间自组织和强化政府性支持两个方面入手。

四川省在破解成渝中间地带的经济“凹陷”方面正积极探索。近年来四川省对成渝一体化发展的重视程度不断提高，在全省区域发展政策取向中特别强调了成渝发展主轴沿线地区的发展，除此之外四川省还积极通过大小两个举措强化对成渝中间地带的辐射带动。一是推进成都东扩的大举措，成都市域发展中以东部龙泉驿副中心确立、金堂会展副中心建设为抓手促进东部片区的开发；将成都第二枢纽机场天府机场选址在原由资阳市代管的县级简阳市辖区，进而改由成都市代管县级简阳市，这也改变了四川天府新区的管理格局，并且通过相关产业平台的布局使成都东扩的经济支撑更加坚实。成都发展重心的东移，虽然有成都自身城市空间布局优化的内在需要，但也必然带来成都城市腹地边界的东拓，由此将改变成渝中间地带相对于成都的区位，使其可以更多承接到成都的“溢出”和辐射带动。二是内江市隆昌县撤县设市的小举措，虽然设立县级隆昌市的效应远比不上成都东扩，但也在一定程度上加大了对成渝中间地带、特别是成渝发展主轴中点附近区域发展的支撑作用。

重庆市也积极增强对成渝中间地带发展的辐射带动。虽然成渝中间地带各主要城市在行政上都属于四川省辖的地级市,不在重庆市范围内,但作为成渝双城经济圈“双核”之一的重庆也致力于强化对成渝中间地带次级城市的辐射带动,重庆市内的其他各次级城市也纷纷加大了与成渝中间地带次级城市的合作,这也是成渝地区双城经济圈建设中在战略层面的合作。具体来讲,重庆市通过将主城都市区由中心城区九区扩容到渝西十二区(共二十一区)的布局优化来实现经济西进,与成都东扩形成呼应,共同带动成渝中间地带的更好发展。一是重庆中心城区进一步向西拓展吸纳璧山、江津等城区形成同城化区域。经过多年的发展,上述区域融合对接实现连片发展的条件越来越成熟,符合城市经济发展的内在规律,并且这会使城市意义上的重庆经济实力增强、重心西移,由此带来重庆的城市腹地边界向西拓展,起到类似于成都东扩的效应,通过缩短与成渝中间地带的时空距离、改变成渝中间地带各次级城市的相对经济区位,更好地发挥重庆作为中心城市的辐射带动作用。二是在重庆市的主城都市区西部重点培育壮大永川、合川等次级城市和加快发展一批区县级节点城市,特别是重视增强永川作为关键次级城市的内引外联功能。这既是壮大重庆主城都市区的内在要求,也有利于提高重庆与成渝中间地带之间联结区域的城市密度和城市化水平,更好实现川渝相关城市的对接,并且根据尹虹潘(2006)关于城市化水平与城市引力距离衰减指数关系的结论,这会使得重庆对成渝中间地带的辐射强度随距离衰减的趋势变得更加平缓,即成渝中间地带受到重庆辐射的强度会增大。

**三、增强产业基础支撑**

产业发展是内陆“亚中心”提高人口与经济集聚能力的重要基础,但本书不准备讨论“亚中心”三个重点城市群(都市圈)各自的具体产业选择问题,也许那更应该交由市场去选择。但我们认为应该深入把握工业化的内在演进规律,科学引导产业发展的基本方向,推进各城市群(都市圈)的产业结构与就业结构协调优化。对沿海“中心”(特别是三大城市群)因产业结构升级等需要而不适宜再发展、但仍有较大国内市场需求的产业，可遵循市场规律在技术改造提升的基础上有序向内陆“亚中心”区域转移；同时，积极培育发展符合“亚中心”区域特点的战略性新兴产业，增强以创新为引领的高质量发展能力。此外还需要高度关注产业（企业）发展中的区域根植性问题，使三个内陆重点城市群（都市圈）内培育的本土企业、区域外或境外引进的企业都能扎根内陆“亚中心”不断发展壮大。

### （一）长期保持“亚中心”先进制造业的基础地位

习近平总书记曾指出“实体经济是一国经济的立身之本、财富之源。先进制造业是实体经济的一个关键，经济发展任何时候都不能脱实向虚”。从国际上多数先发国家三次产业结构演变的规律来看，产业结构从以工业为主导向服务业为主体转变，都必须以坚实的工业为基础，特别是基于现代工业生产力的高度发展。服务业不能脱离工业而独立成长，工业高度发展是现代服务业得以发展的前提条件（袁志刚和高红，2015），缺乏工业基础支持的服务业是空中楼阁，存在“脱实向虚”的风险隐患。研究表明，中国经济存在一定程度的虚拟经济与实体经济背离的问题（苏治等，2017；杨胜刚和阳旸，2018），可能造成阻碍经济转型和产业升级、加剧实体经济运行的不确定性、引发经济金融危机、降低货币政策和财政政策边际效果等情况。沿海“中心”的部分一线城市已经逐步进入后工业化发展阶段，但中国整体而言尚未完成工业化，如果“亚中心”再过早去工业化，对全国经济长期保持中高速增长，特别是现代服务业发展以及农村富余劳动力转移将产生非常不利的影响，对新时代中国经济迈向高质量发展将形成巨大挑战（魏后凯和王颂吉，2019），也不利于全国逐步形成以国内大循环为主体、国内国际双循环相互促进的新发展格局。

中国改革开放以来的城市化主要是以农业转移人口为主体的城市化，他们促进了城市中第二产业（特别是制造业）的分工，使得工业化得以顺利推进，而工业化的进程也确实吸纳了众多农业转移人口从农村进入城市就业与生活。虽然工业化进展到一定阶段后，缺少研发、金融、物流、信息等服务支持的工业发展质量不高，但脱离工业基础也会导致服务业的畸形发展（如金融过度自体循环等）。并且，如果过早“退二进三”“脱实向虚”将减弱“亚中心”对农业转移人口的吸纳能力，特别是在乡村振兴战略快速改变农村落后面貌的情况下，即使已经进入城市的农业转移人口也可能通过“用脚投票”的方式回流农村。由此落入“产业结构脱实向虚→正常工业化受阻→城市吸纳就业能力减弱→农业转移人口回流农村→城市化受阻→缺少劳动力支撑使经济进一步脱实向虚”的循环。

高度重视三次产业发展关系，有序推动“亚中心”产业健康发展及其结构正常升级，在较长时期内保持先进制造业在“亚中心”产业体系中的基础地位。保障工业化进程中工业与服务业协同发展，使“亚中心”的服务业大发展建立在坚实的工业发展基础上，避免超越发展阶段脱离工业发展基础而片面追求所谓的产业高级化。即便在服务业占比逐渐提高的今天，仍然应该重视以更高质量的工业发展作为服务业发展的基本支撑，过早“退二进三”并不可取，必须防控“脱实向虚”等问题甚至风险。适时推动工业内部结构升级使现代服务业实现更大发展，利用现代服务业优势在研发、金融、物流、信息服务等方面提升工业发展水平与质量，推动二、三产业形成良性互动。

### （二）高度重视“亚中心”主导产业发展的根植性

改革开放40多年来，沿海“中心”的发展水平相对是更高的，已经成为中国产业发展的引领区域，很多新兴产业最早都出现在沿海“中心”，其中部分新兴产业是由境外首先经沿海“中心”进入中国，部分新兴产业甚至直接是在沿海“中心”从0到1被培育出来的。不管是前述哪种情况，往往都是只有相关产业在沿海“中心”发展到成熟阶段，需要扩张规模或者因沿海成本提高进行梯度转移，才会逐渐进入内陆“亚中心”。在这种产业发展逻辑下，内陆“亚中心”只能成为这些产业发展中的区域“之一”、而非“唯一”区域，具有较大的可替代性，也即是说这些产业在内陆“亚中心”的根植性较差。要增强内陆“亚中心”主导产业的根植性，简单说就是要使“亚中心”成为相关产业发展最具比较优势的区域，大致可以通过以下几个方面来增强“亚中心”区域的主导产业根植性。

在“亚中心”主导产业的选择中，包括培育本地主导产业或者引进外来产业作为主导产业，应高度重视产业发展与本地资源禀赋优势的契合。但这里所说的资源禀赋，主要指的并不是可消耗性的自然资源，而应该是可持久（甚至近似永久）保有或者可再生的各种优势资源，能一直为本区域的主导产业发展提供源源不断、不可替代的比较优势。比如，矿产等不可再生的自然资源，终会有枯竭的一天，如果过度依赖这样的产业作为主导产业则早晚会面临被动转型的问题和挑战。而地理中心的区位就是适合服务整个内陆市场需求的，在其他条件相同的情况下很难有其他区位可以取代该区位，可以近似认为这种区位优势是可持久的，当这样的区位与主要满足内陆消费者需求的大宗日常消费品生产相结合，就会产生难以替代的邻近市场的比较优势，自然可以增强相关产业的根植性。

为“亚中心”主导产业（企业）发展创造其他区域难以复制的社会网络。通常一个主导产业发展的链条（产业链—价值链—供应链）是很长的，涉及的环节将非常多，包括产品的研发、人力资源供给、上下游之间的中间品（零部件）配套、与产品特点相匹配的物流运输、适宜的政策与环境支持等，这些都构成了一个主导产业发展的社会网络。当“亚中心”提供出的这种社会网络越健全且对某主导产业（特别是其中的关键核心企业）发展而言“专用性”越强时，该主导产业在“亚中心”的根植性就会越好。比如，只有“亚中心”的某高校或科研机构在从事与该主导产业相关的研究，只有“亚中心”可以为该主导产业发展提供专业对口且素质较高的劳动力，只有“亚中心”可以为该主导产业提供上下游的完善配套等，那么该主导产业的发展在很大程度上就会与“亚中心”紧密“捆绑”在一起，离开了“亚中心”就可能影响该产业的正常发展。

为主导产业发展提供适宜的政策与环境支持。中国很多区域，包括内陆“亚中心”的各中心城市和重点城市群（都市圈），在引进产业（企业）时提供了诸多优惠政策，包括税收、建设用地使用等方面都给予很大优惠，但服务于“人”这个核心的政策与环境支持不足、以“钱”“地”为核心的优惠助长了不好的企业倾向。主导产业（企业）发展始终是靠“人”来推动的，“人”不仅是生产者也是消费者，不仅需要埋头苦干也需要美好生活，企业高管需要更高品质的生活（如城市文化的高品位、丰富多样的休闲生活等），企业基层员工需要较低的生活居住成本和便捷的通勤等，能留住这些“人”才能留住这个主导产业（企业），内陆“亚中心”在创造美好生活方面应积极追赶沿海“中心”乃至国外的先发城市群。与此同时，单纯靠“钱”“地”去吸引企业的做法，一方面容易引起城市群（都市圈）之间、中心城市之间的恶性竞争，另一方面容易助长部分并无实力的企业“浑水摸鱼”，比如通过美化包装产业投资项目骗取地方政府信任，获得某地方政府的全部优惠政策后又换个地方继续“圈钱”“圈地”，浪费了地方政府本不丰裕的资源却无助于产业的真正发展。

## 四、完善综合发展保障

要促进“亚中心”持续健康高水平集聚发展，必须构建起完善的综合发展保障体系。其中“政府+市场”的资源高效配置体系是集聚发展的前提与基础，只有资源得到高效配置，才能吸引更多资源集聚。为大规模集聚的人口提供安全的粮食供给可以给予他们最基本的生活需要，而完善的基本公共服务供给则能更好满足美好生活需要，使“亚中心”对人口集聚的吸引力增加。同时，集聚本身也可能直接或间接带来一些问题，利用集聚本身去解决集聚带来的问题则需要依赖体制机制的创新。

### （一）完善“政府+市场”的资源高效配置体系

给予“亚中心”部分政府性资源配置的倾斜。建设用地指标配置向“亚中心”三个重点城市群（都市圈）合理倾斜，并支持相关区域加快农村集体建设用地入市改革，为进一步集聚人口与经济提供空间，并借此平抑房价和降低制造业生产成本，从而更好吸纳农业转移人口。各类国家级战略平台（类似国家级新区、自由贸易试验区等）的区域布局向“亚中心”四省市适当倾斜，借助战略平台赋予的各种先行先试特殊政策增强区域内生发展新动能，不断提高对人口与经济的集聚能力以及对周边腹地的辐射带动能力。加快重庆两江新区、四川天府新区、陕西西咸新区，渝川鄂陕四个自由贸易试验区，四个国家自主创新示范区，中新（重庆）战略性互联互通示范项目等国家级平台建设，着力增强以重大平台的集聚力、辐射力和竞争力。加强"亚中心"各省市高端平台之间的产业协作，形成产业链条及协作配套体系。发挥好国家级新区、自由贸易试验区对三个内陆重点城市群（都市圈）整体发展的辐射带动作用，发挥好中新（重庆）战略性互联互通示范项目在引领内陆开放方面的优势，以国家自主创新示范区为载体，加快以科技创新为主体的全方位创新，成为创新要素的集聚地，形成强大科技支撑引领能力。

引导形成市场化的竞合选择自组织机制。从市场影响的角度入手形成新型竞合关系引领发展的坚实微观经济基础。一是消除"亚中心"各城市群（都市圈）、不同城市基于过度政府补贴和其他不正当手段的招商引资恶性竞争。引导和鼓励市场经济主体在"亚中心"范围内，根据自身发展的配套需求和各城市的差异化基础条件，在国家法律法规和政策许可范围内自主选择投资区域和投资领域，促进各种要素资源在三个重点城市群（都市圈）及各城市之间有序自由流动。二是消除"亚中心"范围内人口在城乡之间、不同城市之间自由流动的制度障碍。通过就业制度、户籍制度、公共服务和社会保障供给制度的联动改革，促进以人民为中心的新型城市化，使人口在提升收入、改善生活质量等发展目标驱动下有序自由流动，根据不同城市的差异化产业分工自由选择适合自身就业和常住的城市，平等享有常住城市的各种公共服务和社会保障权益。三是消除"亚中心"范围内通过市场化方式进行资源配置优化及合作竞争行为选择的制度障碍。鼓励关联企业之间的有序市场竞争和分工合作、按照集群化方式推动支柱产业做大做强，鼓励同类企业通过相互投资持股和收购重组等方式提高资源利用效率和效益，不以地方保护主义手段设置不合理的壁垒，不干预企业具体生产经营决策或阻碍跨省市的市场资源优化配置整合。

### （二）完善有助于提升集聚水平的保障体系

坚持将创新作为内陆“亚中心”集聚发展的先导动力。武汉都市圈、关中都市圈（特别是武汉、西安等中心城市）在重点高校和高级别科研机构的布局方面得到国家的长期支持较多，有较强的传统科研创新基础积累，应进一步强化基础研究和应用研究的紧密结合、应用研究与成果转化的紧密结合，以扎实的基础研究为“亚中心”持续的自主创新提供可能的理论方向指引，以应用研究作为理论与现实进行有机链接的纽带，推动部分成熟的应用研究成果按产业化方向转化，为内陆“亚中心”的产业发展提供创新支撑。在成渝地区双城经济圈中，成都作为四川省的省会也在重点高校和高级别科研机构布局中得到国家的支持，有较好的积淀；重庆在中华人民共和国成立后有较长时期作为四川的省辖市而在相关布局中没有得到应有的关注，应按照“政府+市场”的方式补齐重庆的历史“欠账”。一方面，国家可以在中国西部科学城建设方面加大对重庆的支持力度，在新布局高级别科研机构时向重庆倾斜，支持重庆培育建设更多“双一流”高校；另一方面，重庆自身可以加强与国内外高校、科研机构、重点企业的合作共同建立各种类型的研究院所，注重通过鼓励引进院所在重庆本地化培养硕博研究生等高层次人才、本地化建设国家级重点实验室/工程中心、建设重大科研基础设施（大科学装置）、院所骨干人才发展的本地化支持等多种方式增强引进机构的根植性，不断完善“基础+应用”的高水平科研体系，更好地服务于内陆“亚中心”的创新发展。

在共享发展理念下完善“亚中心”三个重点城市群（都市圈）的城市基本公共服务（包括公共福利）供给。让“亚中心”范围内稳定就业的农业转移人口平等享有城市公共服务是基本要求，虽然高收入的群体更看重公共服务，但公共服务能提高不同群体的美好生活水平。一是在全国率先消除歧视性公共服务供给政策，可结合人口分布优化及二元制度改革等进行积极稳妥的探索，立足实际让新老市民平等共享区域发展成果。二是适度丰富基本公共服务“篮子”，除了基本社会保障、医疗卫生、子女教育等方面，住房保障（公租房、限价房、共有产权房)甚至本地公交优惠等公共福利都可以量力纳入基本公共服务“篮子”对新老市民全覆盖,这些还可以作为降低生活成本吸引农业转移人口的手段,进一步增强“亚中心”对人口的吸引力。三是适时提高基本公共服务供给水平,随着“亚中心”三个重点城市群(都市圈)经济社会不断发展和人民收入不断提高,新老市民都会对公共服务提出更高的要求,应根据政策财力适时提高标准,增强新老市民的“获得感”,做到尽力而为、量力而行。四是加大教育培训支农力度提升农村劳动力人力资本水平,增加对农村人口基础教育的投入,注重对已进城农业转移人口的职业技能培训,帮助他们提升技能水平、增强就业稳定性和提高收入水平,这也有助于为以先进制造业为基础的内陆“亚中心”提供与其产业发展匹配的高素质劳动力供给。

合理布局农业发展空间保障粮食等农产品供给安全。中国拥有超大人口规模,在工业化、城市化水平不断提高的过程中,众多人口的吃饭问题必须得到有力保障,“亚中心”作为人口集聚度较高的区域更需重视粮食保障问题。如果“亚中心”主要农产品的供给保障大量依靠进口来解决,从国际农产品市场来说,巨大的需求量可能难以得到充分满足,并且会大幅抬高国际农产品价格而使得中国无法承受;从国家安全角度来说也将带来巨大的隐患。因此必须为农业发展留足空间。首先要确保国家确定的耕地红线、永久基本农田红线不被突破,并且在城市建设和非农产业发展中注重土地资源的节约集约高效利用,适度提高城市经济发展的集聚水平来减少对农业用地的占用,通过科学规划来协调农业用地和城市用地的关系。此外,不同城市群(都市圈)之间、城市群(都市圈)内各城市之间的土地空间都可以用来发展都市农业,不仅可以为城市居民生活提供蔬菜、水果、花卉苗木等农产品供给,还可以有效改善三个内陆重点城市群(都市圈)的整体生态环境和景观,有助于提升内陆“亚中心”城市的宜居度。此外,就是要通过“中心—亚中心—外围”的分层集聚协调发展机制,以“中心”和“亚中心”更高水平集聚发展的成果,通过财政转移支付、对口帮扶与联建、技术与人才支持等各种方式,帮助“外围”适宜农业发展的区域增强粮食安全保障功能,通过区际分工、错位发展来保障整个国家的粮食安全。有了“亚中心”的更好集聚发展之后,一定可以比只有“中心”单独支持“外围”时的支持力度更大,效果更好。

### (三)完善有助于克服集聚问题的保障体系

2020年以来的“新冠肺炎”疫情之下全国各地都不同程度反映出城市基本公共服务供给不足的问题,特别是武汉都市圈成为受冲击最大的区域。人口大规模集聚带来的高人口密度和频繁社交更易发生疾病的人际传播,但集聚发展水平高的中心城市本身也有更好的疾病救治的条件。即集聚带来的问题,往往可以通过高水平集聚发展本身得到解决。这告诉我们不能简单地否定集聚发展,而是应该以更完善的保障体系去发挥集聚的优势、克服集聚带来的问题。但与此同时也反映出,即使像武汉这样一个医疗条件和水平在长江经济带乃至全国处于前列的中心城市,也不能靠自身力量处置此次“新冠肺炎”疫情,这表明其医疗卫生服务的有效供给能力与城市人口规模相比仍是不足的。而在武汉都市圈的其他次级城市,医疗卫生服务能力可能相对更不足。那么从武汉推及“亚中心”其他中心城市,从武汉都市圈推及其他城市群(都市圈),从医疗卫生推及教育、文化、科技等其他各个领域,可能都不同程度存在城市基本公共服务跟不上城市化进程和人口大规模集聚需要的问题。

对此,应该举一反三,加快完善有助于克服集聚问题的保障体系。内陆“亚中心”三个重点城市群(都市圈)的城市化工作重点应从城市基础设施建设为主,转向完善基础设施与强化基本保障体系并重。一是加大各中心城市对医疗卫生(含疾病防控)、教育、科技、文化、体育的公共投入力度,以更加完善的基本公共服务体系,为城市化的“下半场”提供有力保障,克服集聚带来的不利影响。二是按照军民融合、平战结合的要求,在重庆、湖北等分区域建立国家级常备应急保障基地,做好重点战略物资储备,完善水陆空立体交通运输网络,形成“亚中心”国家级保障基地以及服务周边“外围”省份的统筹调度机制,更好应用大数据分析与仿真预测等手段提供信息支持,增强处置各种重大突发事件的区域性保障能力。三是积极进行制度创新,推动由更高质量的集聚发展本身来更好化解集聚带来的问题。比如在“亚中心”的各中心城市和重点城市群(都市圈),依靠充足的客流量(对应充足的收益回报)支撑大规模轨道交通建设与营运,从而实现城市内部交通拥堵的缓解、城市之间通勤便捷度的提高等;依靠“亚中心”人口高度集聚带来的人均建设用地占有量降低,将由此节省的土地转化为“外围”地区的耕地,实现粮食安全的更好保障等。

# 参考文献

[1]安虎森,刘军辉.劳动力的钟摆式流动对区际发展差距的影响——基于新经济地理学理论的研究[J].财经研究,2014(10).

[2]薄文广,安虎森.中国区域发展战略的演进及对地方政府的启示[J].南开学报(哲学社会科学版),2013(5).

[3]蔡瑞林,陈万明,王全领.农民工逆城市化的驱动因素分析[J].经济管理,2015(8).

[4]常晨,陆铭.新城:造城运动为何引向债务负担[J].学术月刊,2017(10).

[5]陈栋生.中国区域经济发展的新格局——改革开放30年回顾与前瞻[J].南京社会科学,2009(3).

[6]陈佳贵,黄群慧,钟宏武.中国地区工业化进程的综合评价和特征分析[J].经济研究,2006(6).

[7]陈瑞莲,谢宝剑.回顾与前瞻:改革开放30年中国主要区域政策[J].政治学研究,2009(1).

[8]戴宾.改革开放以来四川区域发展战略的回顾与思考[J].经济体制改革,2009(1).

[9]董理,张启春.我国地方政府公共支出规模对人口迁移的影响——基于动态空间面板模型的实证研究[J].财贸经济,2014(12).

[10]范剑勇,王立军,沈林洁.产业集聚与农村劳动力的跨区域流动[J].管理世界,2004(4).

[11]范小敏,徐盈之.引资竞争、居住用地价格与房价[J].财经研究,2019(7).

[12]方黎明,王亚柯.农村劳动力从非农部门回流到农业部门的影响因素

分析[J].人口与经济,2013(6).

[13]冯长春,曾赞荣,崔娜娜.2000年以来中国区域经济差异的时空演变[J].地理研究,2015(2).

[14]符小洪,黄民生.福建经济中心吸引区域的空间格局及变化趋势研究[J].经济地理,2002(5).

[15]高波,陈健,邹琳华.区域房价差异、劳动力流动与产业升级[J].经济研究,2012(1).

[16]国务院发展研究中心课题组,马建堂,张军扩.充分发挥"超大规模性"优势 推动我国经济实现从"超大"到"超强"的转变[J].管理世界,2020(1).

[17]韩立彬,陆铭.供需错配:解开中国房价分化之谜[J].世界经济,2018(10).

[18]胡鞍钢,温军,吴群刚,常志霄.西部开发的新模式与新原则[J].管理世界,2000(6).

[19]胡枫,史宇鹏.农民工回流的选择性与非农就业:来自湖北的证据[J].人口学刊,2013(2).

[20]胡焕庸.中国人口之分布——附统计表与密度图[J].地理学报,1935(2).

[21]胡乃武,韦伟.区域经济发展差异与中国宏观经济管理[J].中国社会科学,1995(2).

[22]黄振华,万丹.农民的城镇定居意愿及其特征分析——基于全国30个省267个村4980位农民的调查[J].经济学家,2013(11).

[23]江艇,孙鲲鹏,聂辉华.城市级别、全要素生产率和资源错配[J].管理世界,2018(3).

[24]蒋海青.中国区域经济政策模式的转变与重新选择[J].经济科学,1991(5).

[25]金碚.新常态下的区域经济发展战略思维[J].区域经济评论,2015(3).

[26]金凤花,李全喜,孙磐石.基于场论的区域物流发展水平评价及聚类分析[J].经济地理,2010(7).

[27]柯善咨.扩散与回流:城市在中部崛起中的主导作用[J].管理世界,2009(1).

[28]李昌明.中国区域发展态势、差距、原因及对策研究[J].经济学动态,2010(2).

[29]李敬,陈澍,万广华,付陈梅.中国区域经济增长的空间关联及其解释——基于网络分析方法[J].经济研究,2014(11).

[30]李兰冰,刘秉镰.中国区域经济增长绩效、源泉与演化:基于要素分解视角[J].经济研究,2015(8).

[31]李猛.中国区域非均衡发展的政治学分析[J].政治学研究,2011(3).

[32]李拓,李斌.中国跨地区人口流动的影响因素——基于286个城市面板数据的空间计量检验[J].中国人口科学,2015(2).

[33]梁文泉,陆铭.城市人力资本的分化:探索不同技能劳动者的互补和空间集聚[J].经济社会体制比较,2015(3).

[34]林木西.振兴东北老工业基地的理性思考与战略抉择[J].经济学动态,2003(10).

[35]刘士杰.人力资本、职业搜寻渠道、职业流动对农民工工资的影响——基于分位数回归和OLS回归的实证分析[J].人口学刊,2011(5).

[36]刘文勇,杨光.以城乡互动推进就地就近城镇化发展分析[J].经济理论与经济管理,2013(8).

[37]刘勇.交通基础设施投资、区域经济增长及空间溢出作用——基于公路、水运交通的面板数据分析[J].中国工业经济,2010(12).

[38]刘毓芸,徐现祥,肖泽凯.劳动力跨方言流动的倒U型模式[J].经济研究,2015(10).

[39]龙平平.切莫误读邓小平[J].红旗文稿,2014(24).

[40]陆大道.论区域的最佳结构与最佳发展——提出“点-轴系统”和“T”型结构以来的回顾与再分析[J].地理学报,2001(2).

[41]陆铭,陈钊.在集聚中走向平衡:城乡和区域协调发展的“第三条道路”[J].世界经济,2008(8).

[42]陆铭.玻璃幕墙下的劳动力流动——制度约束、社会互动与滞后的城市化[J].南方经济,2011(6).

[43]陆铭,蒋仕卿,陈钊,佐藤宏.摆脱城市化的低水平均衡——制度推动、社会互动与劳动力流动[J].复旦学报(社会科学版),2013(3).

[44]陆铭.动人为主、动钱为辅——如何在区域发展战略调整中避免经济“欧洲化”[J].上海交通大学学报(哲学社会科学版),2013(5).

[45]陆铭,向宽虎.破解效率与平衡的冲突——论中国的区域发展战略[J].经济社会体制比较,2014(4).

[46]陆铭,张航,梁文泉.偏向中西部的土地供应如何推升了东部的工资[J].中国社会科学,2015(5).

[47]陆铭.大国大城——当代中国的统一、发展与平衡[M].上海:上海人民出版社,2016.

[48]陆铭.城市、区域和国家发展——空间政治经济学的现在与未来[J].经济学(季刊),2017(4).

[49]陆铭,李鹏飞,钟辉勇.发展与平衡的新时代——新中国70年的空间政治经济学[J].管理世界,2019(10).

[50]马远军,张小林.城市群竞争与共生的时空机理分析[J].长江流域资源与环境,2008(1).

[51]马志强.我国城市群聚集和形成问题的探讨[J].中州学刊,2006(5).

[52]梅新想,刘渝琳.劳动力流动和政府保护的工资上涨效应[J].经济科学,2016(1).

[53]孟可强,陆铭.中国的三大都市圈:辐射范围及差异[J].南方经济,2011(2).

[54]年猛,孙久文.中国区域经济空间结构变化研究[J].经济理论与经济管理,2012(2).

[55]钱雪亚,宋文娟.城市基本公共服务面向农民工开放度测量研究[J].统计研究,2020(3).

[56]乔坤元.我国官员晋升锦标赛机制:理论与证据[J].经济科学,2013(1).

[57]魏后凯,区域经济政策课题组.九十年代中国区域经济政策研究[J].管理世界,1991(1).

[58]权衡.中国区域经济发展战略理论研究述评[J].中国社会科学,1997(6).

[59]任寿根.城市兼并、城市场与城市经济发展[J].管理世界,2005(4).

[60]单之蔷.南北分界线上的迷雾[J].中国国家地理,2009(10).

[61]单之蔷.中国的突变线——胡焕庸线[J].中国国家地理,2009(10).

[62]沈惊宏,余兆旺,沈宏婷,陆玉麒.基于修正场模型的区域空间结构演变及空间整合——以泛长江三角洲为例[J].长江流域资源与环境,2015(4).

[63]沈坤荣,耿强.外国直接投资、技术外溢与内生经济增长——中国数据的计量检验与实证分析[J].中国社会科学,2001(5).

[64]沈坤荣,余吉祥.农村劳动力流动对中国城镇居民收入的影响——基于市场化进程中城乡劳动力分工视角的研究[J].管理世界,2011(3).

[65]史炜.中国经济改革的区域差异及推进前景[J].经济研究,1995(9).

[66]苏治,方彤,尹力博.中国虚拟经济与实体经济的关联性——基于规模和周期视角的实证研究[J].中国社会科学,2017(8).

[67]孙晶,许崇正.空间经济学视角下"经济引力"模型的构建与运用——以2010年长三角地区经济数据为例[J].经济学家,2011(7).

[68]孙久文,张静,李承璋,卢怡贤.我国集中连片特困地区的战略判断与发展建议[J].管理世界,2019(10).

[69]孙文凯,白重恩,谢沛初.户籍制度改革对中国农村劳动力流动的影响[J].经济研究,2011(1).

[70]王洛林,魏后凯.我国西部开发的战略思路及发展前景[J].中国工业经济,2001(3).

[71]王强,何自力.替代、互补及互嵌:企业与市场关系的新考察[J].当代财经,2005(2).

[72]魏后凯.外商直接投资对中国区域经济增长的影响[J].经济研究,2002(4).

[73]魏后凯.改革开放30年中国区域经济的变迁——从不平衡发展到相对均衡发展[J].经济学动态,2008(5).

[74]魏后凯,王颂吉.中国"过度去工业化"现象剖析与理论反思[J].中国工业经济,2019(1).

[75]吴慧.中国古代商业[M].北京:中国国际广播出版社,2010.

[76]吴垠.中国特色新型城镇化:以刘易斯拐点期为背景的理论、模式与政策研究[J].经济科学,2015(2).

[77]夏锋,郭达.海南经济特区开放型经济发展的基本经验与战略选择[J].改革,2018(5).

[78]夏怡然,陆铭.城市间的"孟母三迁"——公共服务影响劳动力流向的经验研究[J].管理世界,2015(10).

[79]邢春冰,贾淑艳,李实.教育回报率的地区差异及其对劳动力流动的影响[J].经济研究,2013(11).

[80]徐舒,陈珣.收入差距会推高住房价格吗?[J].经济学(季刊),2016(2).

[81]徐现祥,王贤彬,高元骅.中国区域发展的政治经济学[J].世界经济文汇,2011(3).

[82]许政,陈钊,陆铭.中国城市体系的"中心—外围模式"[J].世界经济,2010(7).

[83]颜银根.转移支付、产业跨区转移与区域协调发展[J].财经研究,2014(9).

[84]杨胜刚,阳旸.资产短缺与实体经济发展——基于中国区域视角[J].中国社会科学,2018(7).

[85]杨胜刚,朱红.中部塌陷、金融弱化与中部崛起的金融支持[J].经济研究,2007(5).

[86]杨云彦,石智雷.中国农村地区的家庭禀赋与外出务工劳动力回流[J].人口研究,2012(4).

[87]尹虹潘.重庆市区域经济空间格局发展研究[J].重庆大学学报(社会

科学版),2004(1).

[88]尹虹潘.对城市吸引区范围界定的理论分析[J].财经研究,2005(11).

[89]尹虹潘,邓兰燕.三峡库区经济断裂带的贯通思路[J].改革,2005(12).

[90]尹虹潘.城市规模、空间距离与城市经济吸引区—— 一个简单的经济地理模型[J].南开经济研究,2006(5).

[91]尹虹潘.市民收入不均与城市住宅价格空间分布——理论模型与数值模拟[J].财经研究,2011(6).

[92]尹虹潘.开放环境下的中国经济地理重塑——"第一自然"的再发现与"第二自然"的再创造[J].中国工业经济,2012(5).

[93]尹虹潘,刘渝琳,刘姝伶.经济分布基准下的中国人口分布均衡测度研究——基于Matlab空间模拟的估算[J].中国人口科学,2014(5).

[94]尹虹潘,刘渝琳.改革开放以来的"中国式"城市化演进路径[J].数量经济技术经济研究,2016(5).

[95]尹虹潘,刘渝琳.城市化进程中农村劳动力的留守、进城与回流[J].中国人口科学,2016(4).

[96]尹虹潘.国家级战略平台布局视野的中国区域发展战略演变[J].改革,2018(8).

[97]尹虹潘.中国工业化水平的重新测度[J].经济学家,2019(3).

[98]尹虹潘.成渝城市群空间经济格局与城际经济关联[J].西南大学学报(社会科学版),2019(3).

[99]尹虹潘,刘姝伶."中心—亚中心—外围"区域发展格局:宏观战略与微观诉求的空间联结[J/OL].改革,2020-06-11.

[100]尹稚,王晓东,谢宇,扈茗,田爽.美国和欧盟高等级中心城市发展规律及其启示[J].城市规划,2017(9).

[101]余敬文,徐升艳.土地保障、逆向激励与农村流动人口就业行为研究——以上海市为例[J].中国人口科学,2013(1).

[102]袁志刚,高虹.中国城市制造业就业对服务业就业的乘数效应[J].经济研究.2015(7).

[103]约万诺维奇.演化经济地理学——生产区位与欧盟[M].北京:经济科学出版社,2012.

[104]张杰.国家的意愿、能力与区域发展政策选择——兼论西部大开发的背景及其中的政治经济学[J].经济研究,2001(3).

[105]张可云.中国区域经济调控体系研究[J].学术研究,1993(1).

[106]赵坚.引入空间维度的经济学分析——新古典经济学理论批判[J].中国工业经济,2009(7).

[107]中央党校经济研究中心课题组.西部大开发的经济学思考[J].经济研究,2000(6).